# 看清自己 才能远眺未来

## 先知先觉的青春

主编 拾 月
编著 马志阳

**图书在版编目(CIP)数据**

看清自己,才能远眺未来:先知先觉的青春/马志阳编著. -- 北京:现代出版社, 2014.7(2024.12重印)
ISBN 978-7-5143-2791-5

Ⅰ.①看… Ⅱ.①马… Ⅲ.①自我管理学-青少年读物 Ⅳ.①C936-49

中国版本图书馆 CIP 数据核字(2014)第 163095 号

看清自己,才能远眺未来: 先知先觉的青春

| | |
|---|---|
| **主　　编** | 拾　月 |
| **编　　著** | 马志阳 |
| **责任编辑** | 王敬一 |
| **内文制作** | 诚美天下文化传播有限公司 |
| **出版发行** | 现代出版社 |
| **地　　址** | 北京朝阳区安外安华里 504 号 |
| **邮　　编** | 100011 |
| **电　　话** | (010)64267325 |
| **传　　真** | (010)64245264 |
| **邮　　箱** | xiandai@cnpitc.com.cn |
| **网　　址** | www.1980xd.com |
| **印　　刷** | 唐山富达印务有限公司 |
| **开　　本** | 700mmx1000mm　1/16 |
| **印　　张** | 9 |
| **版　　次** | 2014 年 8 月第 1 版　2024 年 12 月第 4 次印刷 |
| **书　　号** | ISBN 978-7-5143-2791-5 |
| **定　　价** | 57.00 元 |

# 前言

青少年是社会最宝贵的财富，是人类的希望和未来，正所谓“少年强则国强”。为此，大至一个国家、一个民族，小至一个家庭、一个家族，都特别重视青少年的教育问题。希望他们成为社会的中坚，家族的骄傲。一句话，就是希望他们成为成功的人。于国，能成为有用的人才；于家，能成为顶梁柱。不仅仅要学习好，还要有辨别人世间的善、恶、美、丑的能力。在每个人的人生中，除了需要自身的因素之外，还需要拥有感受世界的能力。

自立、自强，是绝不服输的勇往直前，是毫不妥协命运的坚决。

自尊、自爱，是顶天立地的脊梁，是不容侵犯的尊严。

自警、自谦，是内心深处的自省，是人生旅途中的字字箴言。

自乐、自勉，是快乐的源泉，是前行的无穷动力。

自信、自知，是对自我最准确的定位，是对自我感知最真实的反馈。

青春，是人最美好的一段时光，也是人格、性格定型的重要阶段，在这个时期，我们需要享受青春的快乐，同时也需要完成自我塑造。通过心理自助，最终从一个小男生、小女生逐渐成长为一个有着健全人格的人，成长为一个对社会、对家庭、对自我有着相对完整认知的人，成长为能够为自己的未来做主的人。这才是一个最充实、最有价值的青春。每个梦想都值得我们认真对待，每个青少年都是未来的希望。在青春中我们不仅要有欢乐，同时也要拥有未来！

本丛书是你化解烦恼的“心灵鸡汤”，可以给你快乐的心理自助；本丛书会让你认识到：掌控心理，方能掌控世界；改变自己，才能改变一切。本丛书还将告诉你：只有实现积极的心理自助，才能收获快乐而充实的青春。

# 目录

## 第一篇 意志，让放飞的梦想坚守轨道

## 第二篇 激励，再坚持一下就是胜利



## 第三篇 沉稳，让心田开出智慧的花朵

# 目录

## 第四篇 汗水，将成功之花浇灌得更绚丽

## 第五篇 审视，看清自己才能远眺未来

SEO
EUN

## 第一篇

# 意志，让放飞的梦想坚守轨道

坚忍不拔是通向成功的渡船!谁想到达光辉的顶点，摘取高峰的明珠，夺得人生征途的最后胜利，谁就得凭借坚忍不拔的意志，顽强地拼搏到底。可见，一个人拥有坚定的意志，就能掌控自己的命运，直至成功。

# 有一种跌倒叫站起来

## 故事话题

刘禅，刘备之子，被刘备立为太子。于刘备去世后继位成为蜀国皇帝，军国大事先后全权委任于诸葛亮、蒋琬等人，自己没有什么表现。诸葛亮等贤臣相继去世后，刘禅无力把持国政，宦官黄皓开始专权，蜀国逐渐衰败。后魏国大举伐蜀，刘禅投降，举家迁往洛阳，被封为安乐公，几年后去世。

刘禅庸碌无能。在位前期，主要依靠诸葛亮治理国政。几次出兵北伐，攻打魏国，均遭失利。自诸葛亮死后，蒋琬和费祎辅政，他们遵行诸葛亮的既定方针，团结内部，又不轻易用兵，曾一度使蜀国维持着比较稳定的局面。蒋琬、费祎之后，姜维执政，多次对魏用兵无功，消耗了国力。而刘禅自诸葛亮死后，更加昏庸无道，贪图享乐，不理朝政，宦官黄皓乘机取宠弄权，结党营私，朝政日非，连姜维也因怕被害，自请到沓中（今甘肃甘南州舟曲西北）种麦以避祸。至此，蜀国的基础已大大动摇。

公元263年，魏国分三路进攻蜀汉，魏将邓艾抄小路攻入蜀中，刘禅派诸葛亮之子诸葛瞻阻击邓艾。诸葛瞻在绵竹战死，魏军进而逼近成都。

这时，姜维率领的蜀军主力还在剑阁驻守，毫无损伤。后主一听敌军逼近，慌作一团，不知所措，急忙召集大臣商议。有人建议后主逃向南中地区（今四川南部及云、贵部分地区），但那里情况复杂，能否站稳没有把握。有人建议东投孙吴，但孙吴也日益衰弱，自身难保。光禄大夫谯周力主降魏，后主竟采纳降魏的建议，反缚自己双手，出城投降邓艾，并根据邓艾的命令，下令蜀军全部投降。蜀汉灭亡。

## 故事解析

刘禅乳名阿斗，三国时期人物，刘备的儿子。阿斗为人不思进取，只会整天玩乐，即使有诸葛亮这样的名臣辅助和教导也无济于事，最终导致江山落入他人手中，还落下了“乐不思蜀”这样的千古笑柄。今天，人们便用扶不起的阿斗来形容一些始终无法扶持成才的人。

三国时期有两位类似今天人们提到的所谓“富二代”式的人物，其中一个就是刘禅，另一位就是虎父无犬子的孙权。孙权自统领江东到逝世为止，前后共 52 年，长达半个世纪左右，是三国时代在位最久、最长寿的帝王。

孙权之所以能创造这么一个神话，正是由于这种坚韧的性格，才使使得他成就了他人生的霸业。正所谓虎父无犬子，孙坚的两个儿子孙策、孙权也都颇有才能。但“小霸王”孙策却遗传了他父亲的火爆脾气，落得英年早逝的下场。临死前孙策嘱咐弟弟孙权说：“举江东之众，决机于两阵之间，与天下争衡，卿不如我。举贤任能，各尽其心，以保江东，我不如卿。”看来孙策很了解自己“不能攻却善守”的弟弟，孙权后来也的确在自己在位时保住了东吴的六郡八十一州。219 年，关羽发动襄樊之战。这时的孙权看着刘备逐渐做大，并已有相当的兵力与自己叫板，旋即改变战略，向曹操称臣联盟，拔掉门口这

颗定时炸弹，使吴国的领土面积大大增加。222 年孙权称吴王，229 年称帝，正式建立吴国。

通过孙权与刘禅的对此，我们可以看出，人生不可能总是一帆风顺，如果跌倒了就此趴下，永远不会到达胜利的巅峰，而跌倒了再爬起来的人，才会有成功的希望。

## 故事穿越

**林肯：**

1818 年（9 岁），母亲去世。

1831 年（22 岁），经商失败。

1832 年（23 岁），竞选州议员落选。

同年（23 岁），工作丢了。想就读法学院，但未获入学资格。

1833 年（24 岁），向朋友借钱经商。

同年年底（24 岁），再次破产。

1834 年（25 岁），再次竞选州议员，这次赢了。

1835 年（26 岁），订婚后即将结婚时，未婚妻死亡。

1836 年（27 岁），精神完全崩溃，卧病在床 6 个月。

1838 年（29 岁），争取成为州议员的发言人——没有成功。

1840 年（31 岁），争取成为选举人——落选了。

1843 年（34 岁），竞选国会议员落选了。

1846 年（37 岁），再次竞选国会议员并当选了。前往华盛顿特区。

1848 年（39 岁），寻求国会议员连任，失败。

1849 年（40 岁），想在自己州内担任土地局长的工作，遭到拒绝。

1860 年（51 岁），当选美国第 16 任总统。成为美国历史上最伟大的总统之一。

这个人就是林肯。生下来就一无所有的林肯，在奋斗的路上不断地跌倒，他也曾经绝望至极，但他还是一次次地爬了起来。林肯在竞选参议员落败后也曾说过这样一句话："此路艰辛而泥泞。我一只脚滑了一下，另一只脚也因此站不稳，但我缓口气，告诉自己，这不过是滑了一跤，并不是死去而爬不起来。"

## 故事微语

每个人都有自己的梦想，人有梦想才使得这个世界充满了生机。但梦想的最终目的是现实，是通过我们不遗余力的努力将之转变为现实。在这个过程中，我们大部分人都不会一帆风顺，会经常遭遇挫折和不幸。成功者和失败者非常重要的一个区别就是：失败者总是把挫折当成失败，被每次挫折深深打击；而成功者却在遭遇一次又一次挫折时，只是把挫折当作了跌倒，他们总是选择再爬起来。

"跌倒后再爬起来"，看起来是对失败者最好的鼓舞，但是要真正实现起来，则需要勇气和敢于拼搏的精神。人生的际遇无外乎两种，一种是顺境，一种是逆境。只有跌倒后敢于爬起来的人，才能适应各种环境。我们感激顺境，不怕逆境，因为我们知道，顺境可以帮助我们成功，逆境也可以将我们

推向另一个更高的起点。

跌到了，爬起来，你就不会失败，坚持下去，你才会成功。不要因为命运的不公而俯首于它，任凭它的摆布。命运是掌握在自己的手里的，所以在面对挫折的时候，请对自己说："我不是失败了，而是没有成功。"

## 心灵箴言

跌倒了，爬起来，这就是成功

——[英] 牛顿

即使跌倒一百次，也要一百零一次地站起来

——张海迪

人生是个积累的过程，你总会有摔倒，即使跌倒了，你也要懂得抓一把沙子在手里

——丁磊

世界上最富有的人，是跌倒最多的人。世界上最勇敢的人，是每次跌倒都能爬起来的人！

——[美] 玫琳凯

# 坚持了，成功就站在失败的尽头

## 故事话题

杰克•伦敦小学毕业后便开始四处流浪、打工。直到 19 岁，才有机会进中学，40 岁离开人世时，他却给人们留下了 51 部巨著。

杰克•伦敦的童年生活非常窘困，但是他非常喜欢读书，除了做工之外，其余时间几乎都在读书。19 岁时，他决定用脑力谋生，他不想再过流浪的日子。于是。他进入了加州的奥克兰德中学。他夜以继日地努力学习，从来没有睡过一个好觉。天道酬勤，他进步很快，仅仅 3 个月就把 4 年的课程学完了，并顺利考入加州大学。

他很想成为一名作家。在这一梦想的驱使下，他拼命地写作。他每天要写 5000 字，也就是说，他可以用 20 天的时间完成一部长篇小说。他甚至会一口气给编辑们寄出 30 篇小说，但它们全部被退了回来。他为此感到绝望，觉得自己可能真的不适合当作家。于是，他不得不放弃了写作。

1896 年，有人在加拿大西北柯劳代克发现了金矿。像很多淘金人一样，杰克•伦敦也踏上了柯劳代克寻金之路。他在那儿待了一年，拼命地挖金子。他忍受着无法想象的痛苦，而最终空手回到美国。

只要能糊口，什么工作他都干。他曾在饭店中洗过盘子，擦过地板；他也在码头、工厂里卖过苦力。

后来，有一天，他身上只有两块钱，他决定放弃卖苦力的工作，重新回到文学创作上来，从零开始。在后来的几年内，他写出了 6 部长篇以及 125 篇短篇小说，一跃成了美国文艺界最为知名的人物之一。

## 故事解析

我们常说“罗马不是一日建成的”。这一砖一瓦地砌，是需要工夫的。长城是古人留下的伟大的作品，它的意义不仅仅是因为它成了世人瞩目的历史遗产，更是中华民族生生不息的生命力的延续。因为它跨越了几十个朝代，花费了整整两千年时间才完成的。

这个事例告诉我们，失败了，只要有勇气回到起跑线上来，第二次向成功发起冲击，那么你便成功一半了，而剩下的仅仅是一个努力过程而已。

只有顽强的人才会在以后的道路中越来越少跌倒。而那些跌倒第 99 次后没有爬起来的人是最令人惋惜的，因为他距离成功只有一步之遥。只有坚持不懈地努力才是成功的保证。也就是说，跌倒了不再爬起，你永远与成功无缘。要知道成功的路上很少有“只跌一次跟头”的人。

## 故事穿越

WOC 电台的著名体育节目主持人罗纳德·皮尔在讲述自己的亲身经历时说：“每当我不如意时，母亲就会说：‘最好的总会到来，如果你坚持下去，总有一天你会交上好运。’”

母亲是对的，当我大学毕业后，我体会到这点。我当时想先在电台找份工作，然后，再设法去做一名体育播音员。于是我去了芝加哥，走访了几家电台，但每次都吃了闭门羹。在一家电台里，一位好心人告诉我，大电台是不会冒险用一名没经验的新手的。“你可以找家小电台，那里也许会有机会”。我又搭车回到了伊利诺伊州的迪克逊。那里并没有电台，但父亲说，蒙哥马利·沃德公司开了一家商店，需要一名运动员去经营体育专柜。由于我曾经打过橄榄球，于是我试着报了名。那工作听起来非常适合我，但结果令我很失望。

“最好的总会到来”。母亲提醒我说。于是我又来到爱荷华州达文波特的 WOC 电台。但节目部主任彼特·麦克阿瑟告诉我说他们已经雇用了一名播音员。当我离开时，终于受不住打击，大叫道：“无法在电台工作，我怎么能当上一名体育播音员呢？”突然我听到了麦克阿瑟的叫声：“你刚才说体育什么来着？你懂橄榄球吗？”

然后他让我站在话筒前，让我即兴播一场比赛。回想起前一年秋天橄榄球比赛的情形，我激动地描述着每一个场景。之后，我被告知将主播星期六的一场比赛。在回家的路上，我又想到了母亲的话：“如果你坚持下去，总有一天你会交上好运。”

## 故事微语

很多生活在农村或小河边的人都知道，在旱季干涸的泥塘下面或河岸边的泥土里，仍有大量的生命存在。它们就是生命力顽强的泥鳅，这些小生命可以在泥土中坚持几个月或整整一个冬季，直到春季雨水的到来。

世界上每天都有一些物种在消失，而这种不幸似乎永远不会降临在那些生命力极其顽强的动植物身上。它们不需要任何人的保护，也不在意周围的环境怎样恶劣。它们的生命力代表永恒，而永恒就是以坚持为基础的。

过去可以决定现在，但现在并不意味着未来。如果一种信念，从过去坚持到现在，尽管它已千疮百孔，但只要继续坚持下去，未来就会取得成功。

## 心灵箴言

耐心是一切聪明才智的基础。

——[古希腊] 柏拉图

伟大的作品不是靠力量，而是靠坚持来完成的。

——[英] 约翰逊

生活就像海洋，只有意志坚强的人，才能到达彼岸。

——[德] 马克思

坚持对于勇气，正如轮子对于杠杆，那是支点的永恒更新。

——[法] 雨果

有百折不挠的信念的所支持的人的意志，比那些似乎是无敌的物质力量有更强大的威力。

——[德] 爱因斯坦

# 从未放弃，所以一路披荆斩棘

## 故事话题

很久以前，山上住着一位高僧，他非常博学，经常有一些失意的年轻人去求高僧开导。有一天，一位失意的年轻人去找高僧，向他说明自己最近经历了很多不好的事情，女友离开了自己，被老板炒鱿鱼，父亲也离开了他，他感觉活着实在没有意思了。高僧听了他的遭遇，什么都没说，而是拿了两只装有茶叶的杯子，先用温水冲了一杯，让年轻人尝一尝，年轻人虽然无心喝茶，但还是尝了一口，觉得一点香味也没有。高僧又用热水冲了另一杯，没冲满。只见茶叶在杯子里上下沉浮着，一股清香飘了出来。高僧这样加了三次水，最终，年轻人闻到了沁人心脾的芳香。为何茶叶泡两次的结果有所不同？其原因很简单。第二次被泡的茶叶因先后三次经历了沸水的磨炼，最终才发出了沁人的香味。高僧说：“茶如此，人亦然。”年轻人点点头，收起了脸上的忧伤，下山去了。

## 故事解析

人生在世，只有经历磨炼，才能收获成功。吴承恩曾说：“有风方起浪，无潮水自平。”不经历风吹雨打的海水是不会出现浪花的，不经历磨练的人，也是不会有所成就的。汉代史学家司马迁遭受宫刑，但他含垢忍辱，最终写出“史家之绝唱，无韵之离骚”的《史记》。清代小说家蒲松龄经历了种种艰难困苦，才写出了“写鬼写妖高人一等，刺贪刺虐入木三分”的《聊斋》。范仲淹屡次遭贬，但他达观开朗，写出了“先天下之忧而忧，后天下之乐而乐”的千古名言。不经历风雨，怎能见彩虹？

历史上很多人都是经过磨砺才成为人中之杰，受万人景仰，实现了自己的人生价值。孟子说：“故天将降大任于斯人也，必先苦其心志，劳其筋骨，饿其体肤，空乏其身，行拂乱其所为，所以动心忍性，增益其所不能。”一个人在历经磨砺之后，就会坚定克服困难的信心，向着既定的目标披荆斩棘，一路前行。

## 故事穿越

鲁滨孙·克鲁索是英国作家丹尼尔·笛福所作小说《鲁滨孙漂流记》的主人公。小说主要描写鲁滨孙在海上遇难，货船沉没，鲁滨孙凭借身上仅有的工具以及自己的聪明智慧在孤岛上漂流生活数十年，历经千辛万苦终于重新回到现实生活的苦难经历。

英国青年鲁滨孙从小喜欢航海，曾三次离家到南美各地旅行。一日他怀着云游四海的高远志向，告别家人，越过大西洋和太平洋，在惊心动魄的航海中经历无数险情，后来整条船在太平洋上不幸罹难，船上的人都葬身海底，唯有他一人得以奇迹般地活下来，并只身来到一座荒无人烟的岛上。他从绝望中得到了生命的启示，性格坚强的鲁滨孙在岛上独立生活了 28 年。他在孤岛上劳作生息，开拓荒地，圈养牲畜，生产水稻和小麦，年复一年与孤独为伴，克服了种种常人难以克服的困难。《圣经》成为他的精神支柱，凭着惊人的毅力，他盖起了房子，收获谷物，驯养山羊，用兽皮制作衣物。他曾与野兽斗智，也曾与吃人肉的野人斗勇。后来他搭救了一个土人，称他为“星期五”，把他收作仆人。他以非同寻常的

毅力和勇气，克服了难以想象的艰难困苦，用勤劳的双手，为自己创造了一个生存的家园。

一直到第 28 个年头，一艘英国船来到该岛附近，鲁滨孙帮助船长制服了叛乱的水手，才返回英国。这时他父母双亡，鲁滨孙收回他巴西庄园的全部收益，并把一部分赠给那些帮助过他的人们。

## 故事微语

鲁滨孙是坚强的人。他说："我的脾气是只要决心做一样事情，不成功决不放手。"他没有助手，工具不全，缺乏经验，所以做任何事情都要花费很大的力气，费好长的时间，比如做一块木板就要 42 天。他做的许多事情都是白费了劳力，没有成功，但他从来不灰心失望。他总结了失败又重新开始。

鲁滨孙在荒岛上做了许许多多的具体的事，荒岛的自然面貌就有了改变，他的生活也有了改变。他做每一件事都要遇到很多困难，有些甚至看来是不可克服的，但他经得起失败的考验，他有坚强的毅力，最后他成功了。他要吃饭、要穿衣就必须劳动，他的一切成就都是凭自己劳动完成的。小说作者笛福以生动的、吸引人的故事说明，人只要有志气、有毅力、爱劳动，就可以做出不平凡的成就来。

## 心灵箴言

谁有历经千辛万苦的意志，谁就能达到任何目的。

——[希腊] 米南德

取得成就时坚持不懈，要比遭到失败时顽强不屈更重要。

——[法] 拉罗什夫科

忍耐和坚持虽是痛苦的事情，但却能渐渐地为你带来好处。

——[古罗马] 奥维德

# 不息前行，道路才会向远方不停延伸

## 故事话题

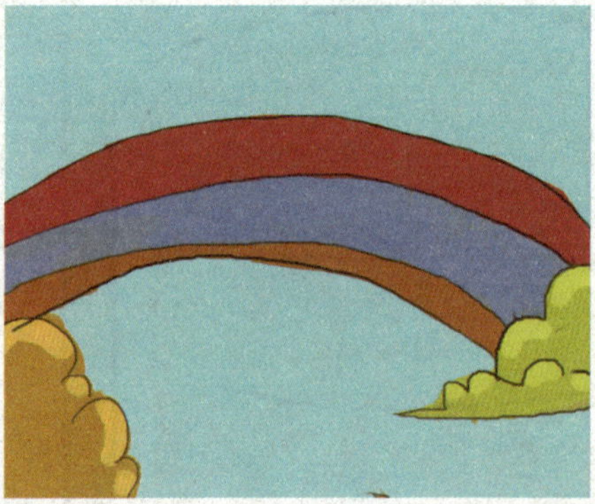

有一天，有个农夫的一头驴子，不小心掉进一口枯井里，农夫绞尽脑汁想救驴子出来，但几个小时过去了，驴子还在井底痛苦地哀嚎着。最后，这个农夫决定放弃，他想，这头驴子年纪大了，不值得大费周折去把它救出来，不过无论如何，这口井还是得填起来。于是农夫请来左邻右舍帮忙一起将井中的驴子埋了，以免除它的痛苦。

农夫的邻居们人手一把铲子，开始将泥土铲进枯井中。当这头驴子了解到自己的处境时，刚开始哭得很凄惨，但出人意料的是，一会之后这头驴子就安静下来了。农夫好奇地探头往井底一看，出现在眼前的景象令他大吃一惊：当铲进井里的泥土落在驴子的背部时，驴子的反应令人称奇——它将泥土抖落在一旁，然后站到铲进的泥土堆上面。就这样，驴子将大家铲到在它身上的泥土全抖落在井底，然后再站上去。很快地。很快地，这只驴子便得意地上升到井口，然后在众人惊讶的表情中快步地跑开了！

## 故事解析

就如驴子的情况，在生命的旅程中，有时候我们难免会陷入“枯井”里，会被各式各样的“泥沙”倾倒在我们身上，而想要摆脱这些困境的秘诀是：将“泥沙”抖落掉，然后站上去！事实上，我们在生活中所遭遇的种种困难挫折就是加在我们身上的泥沙；然而换个角度看，它们也是一块块垫脚石，只要我们锲而不舍地将它们抖落掉，然后站上去，那么即使掉落到再深的井，我们也能安然地脱险。如果我们以沉着、稳重的态度面对困境，办法往往就潜藏在困境中。一切都取决于我们自己，身处困境不惊慌失措，才能勇往直前地迈向理想。

## 故事穿越

在美国西部大开发时，淘金之风日盛。不甘寂寞、梦想发财的达比也迷上了“淘金热”，只身跑到西部去挖金矿，想实现他的发财梦。

苦干实干好几个星期后，达比发现了亮晃晃的金砂，颇有收获。但他没有机器把矿砂弄上地面，便不声不响埋了矿，回到他的家乡马里兰州的威廉斯堡，把房子、庄园抵押给银行，贷款买了机器运到矿场。

挖出来的第一车矿石送到冶金场提炼后，证明达比挖到的是科罗拉多最丰富的矿藏之一。再多挖上几车矿，他就可以清偿债务，之后进账就可以使他大发其财了。

挖金的矿钻往下钻，送上来的是达比的希望！但是，矿脉突然间踪迹尽失。达比不停地钻，拼死拼活想重拾矿脉，结果却徒劳无功。

最后，达比就此“罢休”。他把器材以区区数百元的价格卖给了一位旧货商，然后搭火车回家，又回到了他的从前。

接手金矿的旧货商邀请了一位开矿工程师去看矿坑，做实地的地质测量。结果发现，原计划之所以失败，是因为矿主不熟悉“断层线”所致。据工程师推断，矿脉就在“达比歇手处的下方 3 英尺”。

经过挖掘，矿脉果真就不偏不倚地在地下 3 英尺处露脸了。

旧货商从此财富滚滚而来，成为亿万富豪。

## 故事微语

在对梦想的追求中，不仅需要耐心的等待，不懈的奋斗，百折不挠的拼搏，还需要我们对自己的信念坚信不已，不能发生丝毫的动摇。只有如此，我们才能坚持到成功的那一刻。

正如雷·怀尔德所说“罗马并非一日造成，成功亦非一蹴而就”，一个人成功的前提就是要有百折不挠的精神，要想着：即使屡战屡败，也永不言败，因为挫折是打不败信心的。

是啊，通向成功之路并非一帆风顺，有失才有得，没有承受失败考验的心理准备，闯不了多久就要走回头路了。要知道失败并不可怕，关键在于失败后怎么做。学会正确对待失败，你才能在充满艰辛的征途中勇往直前。

虽然说成功之后还是成功，失败却未必招致失败。关键是你如何看待失败，是否会从失败中获得成功的动力与有用的东西。因为只要有信心，就不怕生活中的挫折！

## 心灵箴言

信心是命运的主宰。

——［美］海伦·凯勒

有信念的人经得起任何风暴。

——［古罗马］奥维德

有信心的人，可以化渺小为伟大，化平庸为神奇。

——［爱尔兰］萧伯纳

要有自信,然后全力以赴——假如具有这种观念,任何事情十之八九都能成功。

——［美］威尔逊

# 昂首阔步，不要活在别人的目光下

## 故事话题

有一天，一位大学教授到乡村游山玩水，他雇了一只小船游江，

当船开动后教授问船夫：“你会数学吗?”

船夫回答：“先生，我不会。”

教授又问船夫：“你会物理吗?”

船夫回答：“物理？我不会。”

教授又问船夫：“那你会用电脑吗?”

船夫回答：“对不起，我不会。”

教授听后摇摇头说道：“你不会数学，人生目的已失去六分之二；

不会物理，人生目的又失去六分之一；不会用电脑，人生目的又失去六分之一；你的人生目的总共失去六分之四……”

说到这儿，天空忽然飘来大片黑云，随后吹来强风，眼看暴风雨就要来到。

船夫问教授：“先生，你会游泳吗?”

教授愣一愣答道：“不会。没学过。”

船夫摇摇头说道：“那你人生目的快要失去六分之六了……”

## 故事解析

有些人就是喜欢拿自己的标准去衡量他人。请不要用自己的标准去衡量他人，更不要拿他人的标准来要求自己。故事中的教授就是很好的例子。他是数理方面的专家，便认为数学、物理、电脑是极为重要的，在紧要关头，教授的专长都没用了，只有会游泳才能保命。

有些人丢弃了自己的意愿，像是活在别人的标准里，在别人的评判里找寻自我的价值。这样的人，别人的一句诋毁足以泯灭他所有的信心，因为他太在意别人对自己的看法。在乎别人的看法只能扰乱自己的方寸，活得沉重。只有活出自我，不为别人的目光违背自己的心愿，尊重自己生活的行为方式，做你自己想做的事、想做的人，才会达到快乐自在的人生目标，如燕子一样轻盈飞行。

很多人在很多情况下活在别人的世界里，导致心里有所羁绊，使自己的心情不能平静，自己的潜能不能发挥。

一个人立身处世，应该在意别人的评价和看法，把别人的意见当成自己的一面镜子，有则改之，无则加勉。但是，如果太在意别人对自己的看法，就会患得患失，迷失了自我。

人生毕竟是自己的人生，别人的建议只能作为参考，但不应该成为自己心中的坐标。

## 故事穿越

陈阿土是个节俭的农民，从来没有离开过家乡。攒了半辈子的钱之后，他终于下定决心到外地去旅游一圈。去哪里好呢？他犯了难，老婆的一句话提醒了他：“既然想开开眼界，不如出国看看吧！”拿定主意之后，陈阿土随着旅游团一起去了美国。

对于从来没有出过远门的农民阿土来说，国外的一切都让他感觉到新鲜不已，到处都是蓝眼睛、大鼻子的外国人。由于参加的是豪华组团，陈阿土得以一个人住了一个标准间。

早上，旅店的服务生来打扫卫生，并送来了可口的早餐，他大声地向着阿土说道：“早上好，先生！”

这让从没与外国人交往过的阿土困惑了。这个外国人在说什么？在自己的家乡，一般相互不认识的两个人在见面了之后都会问对方：“您贵姓？”想必这个大鼻子、蓝眼睛的家伙也是在问自己诸如此类的问题吧？

于是陈阿土以同样的声调告诉对方：“我叫陈阿土！”

但是几天之后陈阿土就感觉到不对了：难道外国人都是这么笨吗？每天见了自己之后都要问一次叫什么，告诉他之后他又记不住，真是烦人啊！终于，他忍不住去问了导游，到底“早上好，先生！”是什么意思，导游笑着告诉了他。阿土当时想如果有地缝的话还不如一头钻下去！天啊！这回真是把人丢到外国了！

于是，质朴的阿土开始反复地练习“早上好，先生！”这句话，以便明天可以非常体面地将服务生的问候回应一番。

第二天早晨，服务生像往常一样来打扫卫生，这次没有等他先开口，门一开，我们的农民朋友阿土就大声喊道：“早上好，先生！”

与此同时，服务生叫的是：“我叫陈阿土！”

## 故事微语

两个自寻烦恼的人最终肯定会为两人闹下的笑话而感觉到好笑又羞愧，他们在交往的过程中，都在用别人的行事标准来衡量自己，结果使得两人都改变了交谈的初衷。现实生活中总是喜欢拿别人的标准来衡量自己，总是对自己感觉到不满意的人也同样如此，在模仿别人的同时却不知道，也许自己正是所模仿对象心目中的完美者，对方也在同样努力地模仿着自己。

造物主将我们创造成了独一无二的存在，其目的并非是让我们总是向别人看齐，更不是拿别人的标准来对待自己，而是让我们做回最完美、最独特的自己。如果总是去模仿别人，那只会使自身的魅力遗失。让自己保持本色，不执着于同他人一比高低，按照自己的样子过属于自己的生活，去寻找自己的成功标准，才能够收获属于自己的人生幸福与快乐。

## 心灵箴言

任何人都应该有自尊心、自信心、独立性，不然就是奴才。

——徐特立

先相信自己，然后别人才会相信你。

——[法] 罗曼·罗兰

不要拿“他人”的标准衡量自己，因为你不是他人，也永远达不到他人的标准。“他们”同样达不到你的标准。

——[美] 马尔兹

第二篇

# 激励，再坚持一下就是胜利

坚持到底就是胜利!有的人成功，就因为他比别人多坚持了一下；而另一些人失败，则是因为他们没能坚持到最后。在通向成功之巅的攀登过程中，我们必须记住：梯子上的每一级横梁放在那儿是让我们搁脚的，是让我们向更高处前进的，而不是用来让我们休息的。

# 你为成功选择了什么

## 故事话题

米契尔，25岁，英俊潇洒，身高1.78米，金色的头发，有着健壮的体格。

有一天，他骑着新买的摩托车，在路上潇洒地飞奔。路旁的美女向他打招呼，他没注意到前面的卡车冲了过来，米契尔连人带车在卡车底下滑行，摩托车的油箱盖弹开，汽油洒了出来，摩擦着了火。当米契尔获救时全身2/3的皮肤被烧伤，10个手指头也被大卡车压断了，他的遭遇实在是惨得不得了。

自暴自弃是一般人都会选择的决定，而米契尔看到自己像怪物似的模样，并没有自暴自弃。米契尔想：重要的不是发生什么事情，而是我决定如何面对这件事情。

米契尔说："我决定把我的潜能全力发挥，我原来也许能够做100件事，现在，手指头断了，长相像怪物，还能做剩下的80件事，我为什么要为失去的20个能力伤心？为什么不为我还剩下的80个能力来庆幸呢？"

米契尔的努力让他自己在30岁时成了百万富翁，后来，他还学会了开直升机。

有一次，他与朋友去游玩，直升机刚起飞，因操作不灵坠机。医生宣布米契尔脊椎断裂，腰部以下半身瘫痪，索性将他的脚趾头接缝在他的手指头上。

米契尔面临两次重大灾难，并没有像有些人一样颓废一生，他告诉自己：这是上天送给我的礼物，因为凡事发生必定有其目的，并有助于我。

后来米契尔在医院认识了金发美女，并娶了美女为妻，有人问他："你为什么能做出连正常人都很难做到的事情？"米契尔说："我出车祸后只剩80件事情可以做，现在半身不遂，我又失去了20个能力，但我为什么不庆幸自己还拥有60个能力可以发挥，我为什么不将剩下的能力发挥到最好程度呢？"

## 故事解析

很多人一生当中没有真正发挥过他所拥有的能力，而米契尔却决定要去竞选议员，进入国会，最后，他真的活跃于美国的政坛，成为他家乡的州长了。是遭遇在决定你的人生吗？如果是的话，米契尔可能早就沦落街头了。

真正主宰我们人生的不是我们遇到什么事情，而是在当时你所做出的决定。

成功是一种选择，每一个选择有大有小，但每日、每月所有的选择的累积影响了你的人生。

若想有一个成功的人生，我们必须降低做错误选择的机率，减少错误选择的风险。

命运全在搏击，奋斗就是希望。失败只有一种，那就是放弃努力。成功者之所以能成功，其中一点就是他们能够持之以恒，只要认准一个目标，就不会再放弃。他们知道，只要是对的，就得一直走下去，只有这样，胜利的曙光才会出现。

成功的取得都是需要积累的，有经验的积累，也有时间的积累，我们不要轻言放弃，没有生活与时间的点滴积累和打磨，就无法获得经验和成功。

## 故事穿越

参观过开罗博物馆的人，都会为那些从图坦卡蒙法老墓中挖出的宝藏而感叹。那些大理石容器、黄金珠宝饰品、战车和象牙等巧夺天工的工艺品至今仍无人能及。可又有谁知道，如果不是霍华德·卡特当时决定再多挖一天，多打一锤，这些宝藏今天也许仍埋在地下，不知何时才有重见天日的机会。

1922 年的冬天，卡特几乎放弃了可以找到法老坟墓的希望，他的赞助者也即将取消资助。卡特在自传中写道：“这将是我们待在山谷中的最后一季，我们已经挖掘了整整六季了，春去秋来毫无所获。我们一鼓作气工作了好几个月却什么也没有发现，只有挖掘者才能体会这种彻底的绝望，我们几乎已经认定自己失败了，正准备离开山谷到别的地方去碰碰运气。然而，要不是我那最后的一锤，我们也不会发现这些超出我们梦想的宝藏。”

卡特最后一锤的努力成了全世界的头条新闻，这一锤使他发现了近代唯一完整出土的法老坟墓。

## 故事微语

我们要知道的是：有一种失败，不是因为走的路太少，而是已经走了99步，却在第100步的时候放弃了，这是一种最为愚昧、最为可惜的放弃。若总是过早地放弃一切，就等于放弃了可能的成功。

其实，最浪费时间的事就是过早放弃。人们经常在做了99%的工作后，放弃了最后那1%的可以让他们成功的“最后一锤”。不但输掉了开始的投资，更丧失了经由最后的努力而发现“宝藏”的惊喜。

任何成功都是经过艰苦卓绝的努力才获得的，所以，在完成一件艰巨的工作的时候，面对困难，一定不要轻言放弃。不放弃，就能坦然面对追求过程中更多的磨难；不放弃，就能看见旖旎的春光；不放弃，就有希望把握住每一天。

## 心灵箴言

我可以接受失败，但我不能接受放弃！

——[美] 迈克尔·乔丹

我们最大的弱点在于放弃。成功的必然之路就是不断地重来一次。

——[美] 爱迪生

生活是一场艰苦的斗争，永远不能休息一下，要不然，你一寸一尺苦苦挣来的，就可能在一刹那间前功尽弃。

——[法] 罗曼·罗兰

# 不放弃，坚持的人生更有魅力

## 故事话题

一块石头上的水滴要和汹涌的浪涛比比谁的力气大，看谁能把石头穿透。浪涛很自信，因为石头上的水滴和他相比实在是太渺小了。但是石头上的水滴毫不气馁，他们约定一个月后见分晓，然后便各自努力去了。石头上的水滴想：既然我没有浪涛的劲儿大，我就必须付出比他多的时间才能取得胜利！想完，他就开始不断地向下滴水，任滴下的水在石头上溅出美丽的小水花，他仍是不间断地滴着滴着……而浪涛呢？他想：石头上的水滴哪有什么力气呀，他实在太渺小了，跟我比，他真是螳臂当车——自不量力！

瞧着吧，我只要使劲一涌，石头就会粉身碎骨了！想罢，他就开始玩耍了，他只等着在最后那天“发力”了……两个星期过去了，石头上滴得水已经把石头滴出了一个坑了。浪涛还在玩耍，似乎已经把比赛的事抛于九霄云外了。最后一天，石头上的水滴经过不懈努力，终于将石头滴穿了。而浪涛使出全身的力气，最终却没能如愿将石头穿透，更别说是使石头粉身碎骨了！

## 故事解析

水滴的成功告诉我们，做事要有恒心，持之以恒才能摘取成功的果实。俗话说“锲而舍之，朽木不折；锲而不舍，金石可镂”，一个人只要有恒心，迈着坚定的步伐，义无反顾地向前走，最终会沐浴到胜利的光辉。在生活中遇到挫折和困难时，要懂得坚强，当你跨过那些曾经阻碍过自己的障碍后，你会猛然发现，原来只有经过风雨的人生，才是最充实的。最终，天才的力量总比不上含辛茹苦勤奋工作的力量。才华固然是我们所渴望的，但恒心与忍耐力更让我们感动。

世界上许多名人的成功，都来自千辛万苦、持之以恒的努力，只有这样，才会渐渐接近辉煌。稍有困难便更改航向，或经不起外界的诱惑，恐怕会永远远离成功。做事情除了有自信心外还必须有恒心，只有坚持不懈，才能把事情做好。

## 故事穿越

1864 年 9 月 3 日这天，寂静的斯德哥尔摩市郊，突然爆发出一阵震耳欲聋的巨响，滚滚的浓烟霎时间冲上天空，一股股火花直往上蹿。一场惨祸发生了。当惊恐的人们赶到出事现场时，只见原来屹立在这里的一座工厂已荡然无存，无情的大火吞没了一切。火场旁边，站着一位三十多岁的年轻人，突如其来的惨祸和过分的刺激，已使他面无人色，浑身不住地颤抖着……这个大难不死的青年，就是后来闻名于世的阿尔弗莱德·诺贝尔。

人们从瓦砾中找出了五具尸体，其中一个是他正在读大学的活泼可爱的小弟弟，另外四人也是和他朝夕相处的亲密助手。五具烧得焦烂的尸体，令人惨不忍睹。诺贝尔的母亲得知小儿子惨死的噩耗，悲痛欲绝。年老的父亲因受刺激引起脑出血，从此半身瘫痪。

困境并没有使诺贝尔退缩，几天以后，人们发现，在远离市区的马拉仑湖，出现了一艘巨大的平底驳船，驳船上并没有装什么货物，而是摆满了各种设备，一个年轻人正全神贯注地进行一项神秘的实验。他就是在大爆炸中死里逃生、被当地居民赶走了的诺贝尔，大无畏的勇气往往令死神也望而却步。

在挫折和困难面前，诺贝尔从来没有想过放弃，一直坚持自己的信念，坚持自己的理想。在坎坷的人生面前，他用他的坚持显示出了让世人敬仰的人格魅力。

## 故事微语

炸药的威力曾是那样不可一世，然而，大无畏的勇气和矢志不渝的恒心最终激发了他心中的潜能，最终征服了炸药，吓退了死神。诺贝尔赢得了巨大的成功，他一生共获专利发明权355项。他用自己的巨额财富创立的诺贝尔科学奖，被国际科学界视为一种崇高的荣誉。

诺贝尔成功的经历告诉我们，恒心是实现目标过程中不可缺少的条件，恒心是发挥潜能的必要条件。恒心与追求结合之后，就形成了百折不挠的巨大力量。

恒心是每个成功人士都必须具备的一种品质。在人的一生中，难免会遇到各种各样的困难，但我们要像诺贝尔一样，树立恒心，托起希望，走向自己的人生目标。

## 心灵箴言

宿命论是那些缺乏毅力的弱者的借口。

——[法] 罗曼·罗兰

顽强的毅力可以征服世界上任何一座高峰。

——[英] 狄更斯

胜利的道路是迂回曲折的。像山间小径一样，这条路有时先折回来，然后伸向前去；像山间小径一样，走这条路的人需要耐心和毅力。累了就歇在路边的人是一定不会得到胜利的。

——[美] 尼克松

# 距离胜利其实就差那么一小步

## 故事话题

古时候，有两个人去挖井。第一个人非常聪明，他在选址的时候，挑了一个比较容易挖出水来的地方；相比之下，第二个人就比较愚笨，不知道根据地质来判定，随便选了一个地方，而这个地方是很难挖出水来的

第一个人看到第二个人所选的地方，心里暗自嘲笑，便冒出一个想法，想占第二个人的便宜，于是虚情假意地说："我们来打个赌吧。比比看，谁先挖出水来谁就是赢家。输家要请赢家到附近最好的酒馆去喝酒。怎么样，敢不敢试一试?"

第二个人想了想，觉得打个赌挖起来更有动力，于是就答应了。

第一个人自以为必胜无疑，于是边干边玩，挖一天的井，要休息两天。第二个人则很沉着，他一锹接一锹地挖，一天也不停歇。

第一个人看到第二个人挖到那么深还没出水，就嘲笑他说："我看你还是别费力气了。你永远也挖不出水来的。"

第二个人没有理他，继续挖自己的井。

这时，第一个人开始对自己选的地方产生了怀疑："怎么挖了这么久。还没有水呢?我看还是再选个更浅的地方吧！"于是他重新选了一个更容易挖出水来的地方，并洋洋得意地说："这下保准能挖出水来。"可是没挖几天，他又开始怀疑了，怎么还不见水?是不是选错了地址?于是，他又换了一个地方挖。就这样，换来换去的，始终没有挖出水来，每次都是挖到距离水只有一尺的地方就放弃了。

再看第二个人，他挖的深度比第一个人挖的所有的深度加起来还要深。最终，功夫不负有心人，他还是挖出水来了。

## 故事解析

人生就像马拉松，瞬间的爆发并不会取得胜利，中途的坚持才是成功的关键。你纵有千百个理由放弃，也要给自己找一个坚持下去的理由。很多时候，成功就是多坚持一分钟，这一分钟不放弃，下一分钟就会有希望。再苦再累，只要坚持走下去，属于你的风景终会出现。

冰冻三尺，非一日之寒，挖井也是同样的道理。第一个人的确很聪明，每次选的地方都比上一次更容易挖出水来，而关键就是他没有坚持，如果他再努力地挖几下，肯定能挖出水来。

“水滴石穿，绳锯木断”，为什么轻柔的水滴能把石头滴穿？柔软的绳子能把粗硬的木头锯断？说透了，就是坚持。一滴水的力量是很微小的，然而只要一滴一滴坚持不断地撞击石头，那么最微小的力量也是最巨大的力量，最终会把石头滴穿的。成功之前难免有失败，然而只要能克服困难，坚持不懈地努力，那么成功就在眼前。

## 故事穿越

商纣王时期，昏君当道，很多有识之士冤死在狱中。

有一天，又有两个囚犯被关进了地牢里，他们是一对父子，据说是周武王的臣下。

儿子和很多囚犯一样，一进牢房就完全绝望了。进了这里，就等于下了地狱，以往被关进来的犯人是没有哪个能活着走出去的。

父亲安慰儿子不要灰心，总会有办法的，一定还有希望的。

有一天，父亲半夜被冻醒，隐隐约约听到有水流的声音。仔细一听，确实是水流的声音。白天之所以听不见是因为白天过于吵闹。这个重大的发现让父亲暗自窃喜，更让他震惊的是，水就是在他们这间牢房下发出的声音。所以，如果从牢房的泥墙一直往外面打洞，就

有机会逃出地牢。父亲按捺不住心中的喜悦，就把儿子叫醒，告诉了儿子这个惊人的发现。

儿子摇头道："这怎么可能呢！现在我们什么都没有，到处都有狱卒在查房，成功的几率差不多等于零。"

父亲鼓励儿子说："没有什么不可能的！与其坐在这里等死，还不如为自己争取一线生机。我们每天挖开一点，总有一天会挖出一条暗道出来。"

见父亲如此坚决。儿子就依了父亲。

于是父子俩就在放风的时刻寻找一切可以用来挖土的工具。他们找来锋利的石头和木棍，更幸运的是还找到一根半截的长矛，从而增添了他们逃出去的信心和勇气。

白天，父子俩和其他的囚犯一样规规矩矩待在囚房里。晚上，他们就开始了秘密行动。这个计划太危险了，父子俩轮流行动，其中一个人作掩护，在一个人挖墙的时候，另一个人故意弄出很响的呼噜声。就这样过了好几年。有时候，儿子都要坚持不住了，父亲总会鼓励他，为他描绘外面的美好生活。

十年后，父子俩终于打通了暗道，在一个风雨交加的夜晚，父子俩成功地逃出了监狱。之后，武王特地大摆宴席接待了这对父子。一年后，武王伐纣，父子俩立下了汗马功劳。

## 故事微语

数十年如一日，这的确不是常人所能忍受的，但是“世上无难事，只怕有心人”，这句话在这对顽强的父子身上得到了最好的验证。

成功是没有捷径的，如果非要说有捷径的话，那么它唯一的捷径就是坚持到底。坚持到底是获得成功最简单、最有效的捷径。只要认准一个方向，你就收起所有的心思，一直往前走，不要回头，也不要左顾右盼，大胆地相信你自己，你一定会走到目的地。

愚公移山、精卫填海的故事我们读过不止一遍，许许多多的故事告诉我们：不管做什么事，如果不坚持到底，半途而废，那么再简单的事情也会功亏一篑；相反，只要抱着坚持不懈的精神，再难办的事情也会

显得很容易。

当然，并不是所有的坚持都会取得好结果。也有很多时候，我们做一件事，虽然尽了最大的努力，没有一丝一毫的松懈，但迎来的却仍是失败。这时，千万不要懊悔。因为只要努力去做好应做的事，只要尽了自己最大的努力，那么即使失败，我们也是强者。

## 心灵箴言

伟大变为可笑只有一步，但再走一步，可笑又会变为伟大。

——[意] 佩思

告诉你使我达到成功的奥秘吧，我唯一的力量就是我的坚持精神。

——[法] 巴斯德

我已经给自己选定了道路，我将坚定不移。既然我已经踏上这条道路，那么，任何东西都不应妨碍我沿着这条路走下去。

——[德] 康德

# 成功没有秘诀，只不过是一条道走到底

## 故事话题

有位年轻人去微软公司应聘，而该公司并没有刊登过招聘广告。见总经理疑惑不解，年轻人用不太娴熟的英语解释说自己是碰巧路过这里，就贸然进来了。总经理感觉很新鲜，破例让他一试。面试的结果不如人意，年轻人表现糟糕。他对总经理的解释是事先没有准备，总经理以为他不过是找个托词下台阶，就随口应道："等你准备好了再来试吧"。

一周后，年轻人再次走进微软公司的大门，这次他依然没有成功。但比起第一次，他的表现要好得多。而总经理给他的回答仍然同上次一样，"等你准备好了再来试。"就这样，这个青年先后 5 次踏进微软公司的大门，最终被公司录用，成为公司的重点培养对象。

## 故事解析

球王贝利曾经说过："下一个进的球是我最满意的。"这说明了他对未来的期盼。所以我们不管做什么，一定要坚持下去，一定要再拼一下，再努力一下，相信成功就在眼前，只有这样胜利才会走来，荣誉才会到来。

的确，成功的秘诀只有一条，那就是坚持到底!

每个人都应耐心追逐成功，你会因此而品尝到成功的果实。要想获得成功，就需要以坚持不懈的精神努力拼搏，相信幸运女神终将看到你的努力，助你走向人生的顶峰。

如果一个人能在行动中坚定不移、坚持不懈地克服一切困难和障碍，坚决完成既定的目标和任务，并且坚持到底，那么就一定能够取得成功。

## 故事穿越

一个农场主在巡视谷仓时不慎将只名贵的金表遗失在谷仓里，他遍寻不获便在谷仓门口贴了一张告示：要人们帮忙，谁能找到便奖赏100美元。

人们面对重赏的诱惑，无不卖力四处翻找。奈何谷仓内谷粒成山，还有成捆成捆的稻草，要在其中找寻金表如同大海捞针，有如登天之难。

人们忙到太阳下山仍没找到，不是抱怨金表太小，就是抱怨谷仓太大，麦草太多。他们一个个舍弃了100美元的诱惑。只有一个穷人家的小孩在众人离开之后仍不死心，努力寻找。他已整整一天没吃饭，为了100美元，希望在天黑之前找到金表，解决一家人的吃饭问题。

天越来越黑，小孩在谷仓内不停摸索着，突然他发现当一切喧哗停下来时有一个奇特的声音，那声音“嘀嗒、嘀嗒”不停响着，小孩顿时停止寻找，谷仓内更加安静，滴答声显得十分清晰。小孩循声找到了金表，最后得到了100美元。

## 故事微语

成功的法则其实很简单，而成功者之所以稀有，是因为大多数人认为这些法则太简单了，不坚持，不屑于去做，这个法则叫“执着”。成功如同谷仓里的金表，早已存在于我们心中，散布于人生的某个角落，只要执着地去找，专注而冷静地思考，我们就会听到清晰的滴答声。

在通往成功的路上，只有坚持不懈、持之以恒，才能最终实现目标。

缺少耐心、半途而废的人很难成功，他们总是在打听成功的秘诀，想走捷径，殊不知通往成功之路根本没有捷径，唯一的秘诀就是坚持不懈的精神！

## 心灵箴言

成就伟大的事业需要始终不渝的精神。

——[法] 伏尔泰

只要持续地努力，不懈地奋斗，就没有征服不了的东西。

——[古罗马] 塞内加

在希望与失望的决斗中，如果你用勇气与坚决的双手紧握着，胜利必属于希望。

——[罗马] 普里尼

# 每天进步一点点

## 故事话题

法国的一个童话故事中有一道“脑筋急转变”式的小智力题：荷塘里有一片落叶，它每天会增长一倍。假使30天会长满整个荷塘，请问第28天，荷塘里有多少荷叶？答案要从后往前推，即有四分之一荷塘的荷叶。这时，假使你站在荷塘的对岸，你会发现荷叶是那样的少，似乎只有那么一点点，但是，第29天就会占满一半，第30天就会长满整个荷塘。

正如荷叶长满荷塘的整个过程，荷叶每天变化的速度都是一样的，可是前面花了漫长的28天，我们能看到落叶都只有那一个小小的角落。在追求成功的过程中，即使我们每天都在进步，然而，前面那漫长的“28天”因无法让人“享受”到结果，常常令人难以忍受。人们常常只对“第29天”的希望与“第30天”的结果感兴趣，却因不愿忍受漫长的成功过程而在“第28天”放弃。

## 故事解析

每天进步一点点。它具有无穷的威力。只是需要我们有足够的耐力，坚持到“第28天”以后。成功就是简单的事情重复着去做。每天进步一点点是简单的，之所以有人不成功，不是他做不到，而是他不愿意做那些简单而重复的事情。因为越简单，越容易的事情，人们也越容易不去做它。

一个人，如果每天都能进步一点点，哪怕是1%的进步，试想，有什么能阻挡得了他最终达到成功？一个企业，如果每天都进步一点点，当其中的每个人每天都能进步一点点，试想，有什么障碍能阻挡得住它最终的辉煌？

竞争对手常常不是我们打败的，是他们自己忘记了每天进步一点点。成功者不是比我们聪明，而是他比我们每天多进步一点点。

成功来源于诸多要素的几何叠加。比如，每天笑容比昨天多一点点；每天走路比昨天精神一点点；每天行动比昨天多一点点；每天效率比昨天提高一点点；每天方法比昨天多找一点点……每天进步一点点，假以时日，我们的明天与昨天相比将会有天壤之别。

## 故事穿越

在1985年的美国职业篮球联赛中，洛杉矶湖人队靠着各位球员已达顶峰的球技，赢得冠军可以说是唾手可得。但是在决赛时，却意外地输给了波士顿的凯尔特人队，这让主教练派特·雷利和所有的球员都极为沮丧。

派特·雷利是湖人队以年薪120万美元聘请来的教练，他绝不会让自己和球员一直在沮丧中停滞不前。为了让球员重振信心，他告诉大家说："从今天开始，我们可不可以罚篮进步一点点，传球进步一点点，抢断进步一点点，篮板进步一点点，远投进步一点点，每个方面都能进步一点点？"球员们答应了他的要求。在之后一年的训练中，球员始终抱着让自己"进步一点点"的精神，不断地提高自己的球技。

终于，在1986年的美国职业篮球联赛中，湖人队不负众望，轻而易举地夺得了冠军。派特·雷利在获得冠军的时候，对球员们说："我们的成功不是偶然的，想想，我们12位球员一年中在5个技术环节方面分别进步了1%，所以一个球员进步了5%，全队就进步了60%，在球技上处于巅峰的湖人队，提升了60%，甚至更高，所以我们获得出人意料的成绩是理所当然的。"

## 故事微语

哈佛大学的老师常在课堂上对学生说：“成功不是一蹴而就的，如果我们每天都能让自己进步一点点——哪怕是1%的进步，那么还有什么能阻挡得了我们最终走向成功呢？”每天进步一点点，并不是很大的目标，也并不难实现。也许昨天的“我”也曾努力磨练并获得可喜的成绩，但今天的我必须超越昨天的“我”，更加进步，更加充实。人生的每一天都应该充满新鲜的东西。

每天进步一点点就已经足够。在人生的道路上，每天前进一点点，就是稳健的、持续的前进过程。“不进则退”，只要是在前进，无论前进多么小的一点都无妨，但一定要比昨天前进一点点。人生也必须每天持续小小的努力，才能有所成就。

只要我们每天进步一点点，一年就进步365个一点点，持续这样做，人生中任何一点点差距都有可能在几年后相差十万八千里。每天一点点，是我们学习所需要的，也是我们一辈子需要做的事情。每一个人天生都是平凡的，不要幻想自己突然就能脱胎换骨，马上就能成为一个天才。要知道，从平凡到优秀再到卓越，你需要做的仅仅是每天进步一点点。

## 心灵箴言

聪明在于勤奋，天才在于积累。

——华罗庚

不积跬步，无以至千里；不积小流，无以成江海。

——荀子

不懈地坚持，严厉地驱策自己继续向前。即使是最微小的人，只要这样去努力，也会把梦想变成现实。因为坚持的力量会随着时间而增长到没有人能够抗拒的程度。

——[德] 歌德

## 第三篇

# 沉稳，让心田开出智慧的花朵

想成就大业的人，要有忍耐的精神，不应该被自己一时冲动的感情所左右，要想取得最后的胜利，就要分清远近大小和轻重缓急，在该舍的时候要忍痛割爱，在该忍耐的时候要从长计议，谨慎行事。任何事情都有一定的时间限制，不可能今天做了马上就得到回报，就像农民种地，今天撒上种子，明天不会有收获，因为时候还没有到。

假如农民心急，第二天没有收获就去把种子扒出来，这样他永远都不会再有收获，这种急于得到回报的心态是完全不实际的。

# 人生如棋，做个深谋远虑者

## 故事话题

三国蜀主刘备，听说义弟关羽被东吴杀害，悲愤交加，发誓要为关羽报仇，他要起兵伐吴，此时，他完全被自己悲伤和冲动的心态所控制。

三国鼎立，从大局来看，魏国强大，蜀、吴弱小，只有连吴抗魏，才能长治久安。

赵云劝刘备说："现在的国贼是曹魏，并不是孙权。曹操虽然死了，但曹丕却篡汉自立为帝。陛下你不应该讨伐东吴。倘若一旦与东吴开战，战争就不可能立刻停止，别的计划就不能实施。望陛下明察。"

赵云的这番话颇有道理，确实是审时度势之言，然而，刘备却对赵云说："孙权杀害了我的义弟，还有其他忠良之士，这是切齿之恨，只有食其肉而灭其族，才能够消除我心中的仇恨。"

赵云又劝说："曹魏篡汉是大仇；兄弟之间的仇恨是私恨。希望陛下

以天下为重。”

刘备已完全失去了理智，完全失去了审时度势的能力，道：“我不为义弟报仇，纵然有万里江山，又有什么意思呢？”

结果大家都知道，冲动不仅让刘备尝到了失败的滋味，而且，还因此一病不起。一个人有七情六欲是完全正常的，这也是人之为人的特征。然而，刘备却忘了“三思而后行，谋定而后动”这副克服冲动的最佳良药，对复杂多变的形势作出错误的分析和判断，使事情被带入更复杂、更被动的情境之中。

## 故事解析

富兰克林说：“事情常常从愤怒开始，以羞辱结束”。因为一意气，就冲动，就头脑发昏，就控制不了自己的脾气，就会犯傻，就会出丑，就会“小不忍而乱大谋”。可以说每个人都可以列出一串长长的后悔莫及的事，许多追悔不已且无法补救的事都是彼时意气用事的后果。冲动的人即使事后诚意赔礼道歉，也难以得到周围人的谅解，因为很少有人能适应这种大起大落、摸不着头脑的情绪变化。意气用事会把关系搞僵、会把事情办砸、会把形势弄糟、会把世界搅浑……对很多人来讲，意气用事成了木桶中最短的一块板子。

想成就大业的人，要有忍耐的精神，不应该被自己一时冲动的感情

所左右，要想取得最后的胜利，就要分清远近大小和轻重缓急，在该舍的时候要忍痛割爱，在该忍耐的时候要从长计议，谨慎行事。

成功者从来不会冒冒失失，做出令自己后悔一生的决定，他们会稳扎稳打，因为他们知道只有这样才能做出非凡的成就。

## 故事穿越

曹操平定了青州黄巾军后，声势大振，有了一块稳定的根据地，于是他派人去接自己的父亲曹嵩。曹嵩带着一家老小四十余人途经徐州时，徐州太守陶谦出于一片好心，同时也想借此交好曹操，便亲自出境迎接曹嵩一家，并连续两日大设宴席热情招待。一般来说，事情办到这种地步就比较到位了，但陶谦还嫌不够，他还要派兵五百护送。这样一来，好心却办了坏事。护送的这批人原本是黄巾余党，他们只是勉强归顺了陶谦，他们看见曹家装载财宝的车辆无数，便起了歹心，半夜杀了曹嵩一家，抢光了所有财产跑掉了。曹操听说之后，虽然咬牙切齿道："陶谦放纵士兵杀死我父亲，此仇不共戴天！"但他并不是一时冲动，因为，他虽然有杀陶谦之心，而更有图徐州之意。

当曹操率军攻打徐州报仇雪恨之时，吕布率兵攻破了兖州，占领了濮阳，威胁到了曹操的后方。如果曹操被复仇的心态所左右，那么，他一定看不出事情的发展趋势，也察觉不出情况的危急，就如同刘备伐吴一样。但曹操毕竟是曹操，他是一个十分冷静沉着的人，也是一个非常会控制自己心态的人。正因为如此，他立刻便分析出了情况的严重性，于是，曹操便放弃了复仇的计划，拔寨退兵，去收复兖州了。

将曹操的遭遇与刘备的情况进行比较，不难看出，刘备仅死了一个义弟关羽，曹操却死了一家老小四十余人，曹操的恨应该更大更强烈。然而，曹操却做出了正确的决定。与曹操截然相反，刘备伐吴的行为完全建立在复仇心态之上，因此，其失败是注定的。从某种角度我们可以这样说，一个人是能够成为云中龙还是草中虫，是大龙还是小龙，不仅仅是看他有无志气，还要看他在事处关键时，是否拥有冷静的心态。

## 故事微语

许多人最终没有成功，并不是因为他们缺乏能力和热情，而是缺乏足够的耐心。一个缺乏耐心的人，往往虎头蛇尾、有始无终，常常东拼西凑、草草了事。有时候，他们看准了一项事业，但刚做到一半时，又觉得另一职业更为妥当。

一个缺乏耐心的人，时而信心百倍，时而低落沮丧。做事情急于求成，甚至不计过程，不择手段，一心想达到目标。其实，在人与人的关系以及做事情的过程中，我们很难直截了当就把事情做好。我们有时需要等待，有时需要耐心，有时需要技巧。

聪明的人一旦决定了做什么事，就不会允许外界的种种因素来干扰自己，同时也不会让自己陷入时断时续的生活状态中去。时断时续的活法，其实是对生命最大的消耗。

## 心灵箴言

忍耐是涌起希望的技能。

——[英] 瓦福纳德

忍耐之草是苦的，但最终会结出甘甜而柔软的果实。

——[德] 辛姆洛克

要是你无法避免，那你的职责就是忍受.如果你命运里注定需要忍受，那么说自己不能忍受就是犯傻。耐心是一切聪明才智的基础。

——[古希腊] 柏拉图

将
楚河 汉界
车
炮
车
帅

# 有条不紊，游刃有余地释放自己的能量

## 故事话题

在一堂时间管理课上，教授在桌子上放了一个玻璃容器。然后从桌子下面拿出一些鹅卵石。教授把鹅卵石一一放进玻璃容器中，直到放满为止，然后问学生容器满了没有。学生都回答满了。

教授又从桌子底下拿出一袋小石子，把小石子倒入玻璃容器里，晃一晃，又放进去了一些。教授笑着问学生现在满了没有。这次学生不敢回答得太快了，“可能也没满”，有的同学回答。

教授又拿出一袋沙子，慢慢地倒进去了。“现在呢？”教授又笑着问。“没有满！”全班同学异口同声地回答。“很好！”教授夸奖了这些孺子可教的学生们。

接着，教授又从桌子底下拿出一大瓶水，把水倒进看起来已经被鹅卵石、小石子、沙子填满的玻璃容器。

教授问同学们感悟到了什么？

一个学生回答：“无论我们有多忙，行程排得多满，如果再挤一挤，还是可以再做很多事的。”

“说得很好”，教授微笑说，“但是我想告诉你们的是一个更为重要的信息。”说到这里，教授故意停顿，用眼睛向全班同学扫了一遍说：“我想告诉各位的是，如果你不先将大的‘鹅卵石’放进玻璃容器里去，你可能永远没有机会再把它们放进去了。各位有没有想过，什么是你生命中的鹅卵石？”

## 故事解析

人生短暂，能做的事其实真的很有限，因此，要把有限的时间用到对于自己最有意义的事情上去。办事也是一样，要在最短的时间内先做最重要的事，从而为成功打下基础。

成功励志大师拿破仑·希尔说，在做任何事情之前，都必须先把各项工作分成类：重要的和不重要的，或是，有关系的和没有关系的。因为人的时间和精力都是有限的，不可能一下子就做好多件难办的事情。为了高效、顺利地办好突然涌来的大量繁杂事情，我们一定要根据事情的轻重缓急，制订出一个合理的顺序表和一个事情的进度表，这样我们才可以有条不紊地向目标前进。

## 故事穿越

一位成功人士曾谈起他遇到的两个人。第一个是性急的人，不管你在什么时候遇见他，他都是风风火火的样子。如果要同他谈话，他只能拿出两三分钟的时间，时间稍长一点，他就会一再地伸手看表，暗示你他的时间很紧张。他公司的业务虽然很大，但是开销更大。究其原因，主要是他在工作安排上七颠八倒，毫无秩序。他做起事来毫无章法，也常为杂乱的东西所阻碍。结果，他的事务从来都是一团糟，他的办公桌简直就是一个垃圾堆。他经常很忙碌，从来没有时间来整理自己的东西，即便有时间，他也不知道怎样去整理和安放。

第二个人与上述那个人恰恰相反。你从来看不到他忙碌的样子，他做事非常镇静，总是很平静温和。别人不论有什么难事和他商谈，他总是彬彬有礼。在他的公司里，所有员工都寂静无声地埋头工作，各样东西安放得也有条不紊。他富有特色的有条理、讲求秩序的作风，影响并带动了整个公司的员工，大家做起事来都是按部就班，极有秩序，整个公司秩序一派井然。

## 故事微语

通过上面的故事我们可以看出，工作有秩序，处理事务有条理，在办公室里不浪费时间，自己心神安定，办事效率也会极高。从这个角度来看，时间就会变得很充裕。

一些人关心的只是一天做了多少件紧迫的事，做得越多成就感越强，却不去问事情的紧迫性与重要程度，满以为这是高效率的工作，但往往是抓了一堆芝麻，西瓜一个也没捡着。好似充分利用了时间，实际是浪费了时间。不分轻重缓急，眉毛胡须一把抓，必然会贻误时机，错过成就事业的关键良机，影响事业局面的打开，很难取得突飞猛进的发展。

一个人要做成某件事必须要一步步地进行，根据事情的紧迫性，集中一切资源、时间和精力，坚持把重要的事情放在最前面做，这样才能抓住事情的重点，不会因为处理次要事情而耽搁解决重要的事情。

真正的成功人士都明白轻重缓急的道理，他们在处理一年或一个月、一天的事情之前，总是先分清主次，再来安排自己的时间。因此在做事时首先要了解情况。对所办的事情有了全面了解后，再深入各个方面，从关键出发，先做最重要的事。只有这样，才能找到突破点，把事办成。

## 心灵箴言

喜欢条理吧，它能保护你的时间和精力

——希腊谚语

在人类中，秩序起着支配作用，这就证明了理性和道理最为强大。

——[法] 沃夫拿格

秩序意味着光明和安宁，意味着内在的自由和自我控制；秩序就是力量，……秩序是人类最大的需要，是真正的幸福所在

—[英] 阿米尔

# 一滴汗水孕育一分成功

## 故事话题

农夫在地里种下了两粒种子，很快它们变成了两棵同样大小的树苗。第一棵树开始就决心长成一棵参天大树，所以它拼命地从地下吸收养料，储备起来，用以滋润每一个细胞，盘算着怎样向上生长，完善自身。由于这个原因，在最初的几年，它并没有结果实，这让农夫很恼火。而另一棵树同样也拼命地从地下吸取养料，打算早点开花结果，它做到了这一点。这使农夫很欣赏它，并经常浇灌它。

时光飞转，那棵久不开花的大树由于身强体壮，养分充足，终于结出了又大又甜的果实。而那棵过早开花的树，却由于还未成熟，便承担起了开花结果的任务，所以结出的果实苦涩难吃，并不讨人喜欢，自己也因此而累弯了腰。农夫诧异地叹了口气，终于用斧头将它砍倒，当柴烧了。

## 故事解析

通过上面的故事不难看出，急于求成只会导致最终的失败，所以我们不妨放远眼光，注重自身知识的积累，厚积薄发，自然会水到渠成。

美国股神巴菲特有一句名言：只有退潮时，你才知道谁在光着身子游泳。很多的企业似乎正是这样，经济狂潮一经消退，喧闹的沙滩上留下的便是投资者尴尬的身影，而这无力遮羞的身影正是急功近利所带来的一大致命伤。由于急功近利，不少企业不愿在苦练内功上下工夫，而是把赌注压在广告上。一些企业在商海中潮起潮落，上下浮沉，甚至是杀鸡取卵、急功近利。

冲动是魔鬼。急于求成的这种冲动，不但不能达到人们预期的效果，还会使人忙中生乱，错失机会而铸成大错。所以说人无论做什么事情，不要急于求成，只要按部就班，脚踏实地，一步一步地去做，就一定会有收获。恒久的坚持是一种可贵的精神。

## 故事穿越

20世纪60年代，美国心理学家瓦特·米伽尔给一些4岁小孩子每人一颗非常好吃的软糖，同时告诉孩子们可以吃糖，如果马上吃，只能吃一颗；如果等20分钟，则能吃两颗。有些孩子急不可待，马上把糖吃掉了。另一些孩子却能等待对他们来说是无尽期的20分钟，为了使自己耐住性子，他们闭上眼睛不看糖，或头枕双臂、自言自语、唱歌，有的甚至睡着了，他们终于吃到了两颗糖。

这个实验后来一直继续了下去，那些在他们几岁时就能等待吃两颗糖的孩子，到了青少年时期仍能等待，而不急于求成；而那些急不可待，只吃了一颗糖的孩子，在青少年时期更容易有固执、优柔寡断和压抑等个性表现。

当这些孩子长到上中学时，就会表现出某些明显的差异。对这些孩子的父母及教师的一次调查表明，那些在4岁时能以坚忍换得第二颗软糖的孩子常成为适应性较强，冒险精神较强，比较受人喜欢，比较自信，比

较独立的少年；而那些在早年已经不起软糖诱惑的孩子则更可能成为孤僻、易受挫、固执的少年，他们往往屈从于压力并逃避挑战。对这些孩子分两级进行学术能力倾向测试的结果表明，那些在软糖实验中坚持时间较长的孩子的平均得分高达210分。

研究人员在十几年以后再考察当年那些孩子现在的表现，研究发现，那些能够为获得更多的软糖而等待得更久的孩子要比那些缺乏耐心的孩子更容易获得成功，他们的学习成绩要相对好一些。在后来的几十年的跟踪观察中，发现有耐心的孩子在事业上的表现也较为出色。

## 故事微语

“先了解你要做什么，然后去做。”对行事容易草率的人来说，这是很好的座右铭，尤其是前半段。假如决断和行动力是迈向成熟的必要条件，那么我们所采取的行动，必须根据良好的分析与判断。

生活中有很多人，特别是年纪轻、经验少，又急于求成的人就更是容易做事冲动，不计后果。有些人甚至缺少计划，任性而为，想到哪儿做到哪儿。他们也许有极强的自信心，也许更应该说是自负。他们总是天真地认为即使没有经过精心的设计与安排也同样能够马到功成，而这些人通常都是行事草率鲁莽的人。一个人草率行事的性格只能让自己吃尽苦头——毫无头绪、混乱不堪、漏洞百出。

任何事情都有一定的时间限制，不可能今天做了马上就得到回报，就像农民种地，今天撒上种子，明天不会有收获，因为时候还没有到。假如农民心急，第二天没有收获就去把种子扒出来，这样他永远都不会再有收获，这种急于得到回报的心态是完全不实际的。

俗话说，一分耕耘一分收获。在这大千世界，不管你是谁，只要付出了，就一定会得到回报。只要你曾经努力过，汗水是不会白流的。总有一天你的付出，你的努力会为你换回美好的回报，这是永远不会更改的事实。但很多时候，人们有些操之过急，自己做出一些好事或者付出一点，就渴望立刻得到回报，一旦不能如愿地得到回报就会报怨，就会怀疑，甚至会失去坚持下去的动力，这样的心态永远都不会得到回报。

## 心灵箴言

欲速则不达，见小利则不成大事。

——孔子

古今中外，凡成就事业，对人类有作为的无一不是脚踏实地、艰苦攀登的结果。

——钱三强

凡事都要脚踏实地去做，不弛于空想，不骛于虚声，而惟以求真的态度做塌实的工夫。以此态度求学，则真。

——李大钊

# 冷静是成熟最好的表现

## 故事话题

春秋战国时期，魏国国君魏文侯打算出兵攻打中山国，却苦于没有合适的带兵将领，于是让臣民举荐。有人推荐了文武双全的乐羊。但是却有人告诉魏文侯，乐羊的儿子乐舒正在中山国任职，让乐羊带兵不妥，于是任命也就暂时搁置了。

后来，魏文侯又听说乐羊曾经拒绝儿子乐舒邀请他去中山国的建议，还规劝乐舒不要辅助荒淫无道的中山国君，于是决定派乐羊为将去攻打中山国。

乐羊攻打到中山国的都城后，一连数月按兵不动，魏国上下议论纷纷，大臣们请求魏文侯临阵换将的声音络绎不绝。不过魏文侯始终不为所动，依旧大力支持乐羊，还不断地派人去犒劳乐羊和他的军队。

乐羊依旧只围不打，最后，连乐羊的属下都忍不住了，有个叫西门豹的就询问乐羊为什么还不进攻，乐羊说：“心急吃不了热豆腐，虽然我们现在有足够的实力去消灭中山国，如果只是为了一时之急，而不顾长远之计的话，今天的胜利必定会为明天的失败埋下伏笔。而今我只围不打，还宽限了中山国投降的日期，这样做的主要目的是为了让中山国的百姓看出谁是谁非，是向天下人证明我们是仁义之师，这样才能收服人心，根本与乐舒没有一点关系。”

又过了一段时间，等到中山国的都城里面人心浮动，乐羊才发动进攻，果然不费多大工夫就攻下了中山国的都城。

如果魏文侯不理解乐羊的军事策略而听信了那些大臣的话，中途对乐羊采取行动，不但不能取胜，乐羊本人恐怕也将遭遇不测。但是魏文侯沉着冷静，面对群臣指责乐羊的时候，一如既往地支持乐羊，最终取得了成功。可以说是乐羊的冷静才能够使得他们取得战争的胜利，并且在很大程度减少了自己的损失。

## 故事解析

面对中山国这块已经到了嘴边的“热豆腐”，倘若乐羊着急一口吞下去也未尝不可，毕竟对方几乎已是任人宰割的羔羊。只是如果急于把这块热豆腐吞进去的话，很可能会烫伤嘴，会使得眼前的美味也充满苦涩。乐羊在关键的时刻能够沉住气，围而不打，赢得了民心，扰乱了中山国的军心，实则为以逸待劳之举。其实，非淡泊无以明志，非宁静无以致远，持重守静乃是抑制轻率躁动的根本。

箭在弦上，在猎物还未达到最佳射程之时，通常引而不发，为的是冷静；敌人在近在咫尺的时候，然而却尚未进入指定伏击圈，因此而按兵不

动，是为冷静；别人用手指着自己的鼻尖，但此时还有一些回旋的余地，因此便而不急不恼，是为冷静……冷静的反义词是鲁莽。无论居家过日子还是在外面与人相处，冷静和鲁莽都是人们经常面对的一对矛盾。

冷静是做人的一种智慧，在平时的生活当中有许多矛盾不是靠肢体力量、靠鲁莽行动能够解决的，而需要在冷静思考后因势利导才能化解掉，它启迪人们要学会用脑子。用脑子的过程，就是冷静的过程，就是产生智慧、办法、对策的过程。一个头脑容易发热、发胀，甚至炮仗性子一点火就着的人，通常是谈不上有多少智慧的，当然也不会把矛盾解决得好。搞不好到最后还会被别人利用，或者火上浇油，做出对自身不利的事来。冷静还是一种修养。冷静是源自于内心的，有的人冷静不下来，不论是心胸狭窄的原因，还是骄横自傲等多个方面的原因，说到底还是自身修养不够。修养好的人，就能自觉地克己和律己。受挫折时，不至于唉声叹气；获得奖赏时，不至于忘乎所以；有钱有权时，不至于趾高气扬；待人处世时，不至于浮躁轻狂。

## 故事穿越

刘永好等四兄弟创立的希望集团以颗粒饲料起家，经过数年的奋斗创业，到 20 世纪 90 年代初，已成为全国知名的民营企业。希望集团的诞生给刘氏兄弟的事业发展带来无限生机。

1992 年，他们率先把公司变成了全国第一家民营企业集团，开始了大兵团作战。当时希望集团书写的大字标语遍布广袤的城乡大地：“希望养猪富，希望来帮助”。

第一股海南地产热时，曾有人建议希望集团搞房地产开发，并向总裁刘永好大传生意经，也就是炒地皮。当时海口开发，的确有人从中赚了很多钱。刘永好于是也注册了公司，准备投入到这片热土搞经营，但是实地考查后，他发现这种投资具有很大的盲目性，疯狂的炒卖无异于“击鼓传花”，这种游戏终有停下来的时候，总有倒霉的时候，于是，他决定暂时注销公司，退出这种浮躁的投机经营。

几年后，刘永好觉得真正的机会到来了，这回他主动出击，大胆地走出四川，先后在上海、江西、安徽、云南、内蒙古等二十几个省、市、自治区开展与国有、集体、外资企业的广泛合作，迅速进军房地产市场。1997 年，刘永好在成都注册了新希望房地产开发公司并迅速完成了第一轮开发的积累。

刘永好把新希望的房地产开发从一开始就放到了高起点、大规模的平台上。锦官新城作为新希望房地产的开山之作，一问世，首期开盘三天之内就销售 1 亿，创造了成都房地产奇迹。

2000 年 11 月，民生银行上市，刘氏兄弟分别以四川新希望农业股份有限公司和四川南方希望有限公司名义拥有民生银行股份 203 亿股。2000 年，美国《福布斯》评定刘永好、刘永行兄弟，财产为 10 亿美元，列中国内地 50 名富豪第二位。

## 故事微语

很多时候，我们都不需要和人斗一时之短长。对于他人咄咄逼人的气势，干脆先静观其变，找到合适的时机再出手，会收到意想不到的效果。这样的以退为进更易获取对方的信任。很多时候过分强调自己的目的，过分坚持自己的想法并不一定能取得预想的效果，相反，如果在身陷危难时刻恰当地采取一种明智的策略，把握好分寸，也许胜利就会属于你。沟通不是为了说服别人，而是要了解对方达到自己的目的，何必要逞一时之能呢？

无论是做人还是做事，都要稳扎稳打，沉着应对。尤其是在遭遇困难的时候，一定要沉下心来，找出破绽，让冷静来主宰命运，切不可惊慌失措，盲目为之。

俗话说有理不在声高。冷静并非是软弱，也不是故作姿态，不是胆小鬼，而是审时度势，不轻佻，不张狂。常见有人一语不和，便面红而赤，吼叫如雷，这种人貌似强大，其实头脑简单，底气不足，是不堪一击的；即便是自己手上有百分之百的真理，也会因不冷静而使天平滑向对方的一边。头脑冷静又有礼节的人，显得既有风度又有力量，且不说诸葛亮凭借冷静和智慧，巧设空城计，六出祁山，七擒孟获，决胜于千里之外；也不说毛泽东虚怀若谷，指挥若定，率领红军爬雪山，过草地，四渡赤水，长驱二万五千里，胸中自有百万雄兵。

## 心灵箴言

不管发生什么事，都要冷静、沉着。

——[英] 狄更斯

过分冷静的思考、缺乏感情的冲动，也必然使人的心理变态。

——[保加利亚] 瓦西列夫

科学要求一切人不是别有用心而心甘情愿地献出一切，以便领受冷静的知识的沉甸甸的十字勋章这个奖赏。

——[俄] 赫尔岑

# 谨慎，让你走得更远

## 故事话题

战国时期，列子先跟随仙人壶丘子学道，后又师从老商氏，并与伯高子为友。传说列子修道九年之后，即能“御风而行”。在今天看来这些有点玄虚，但是从中可见列子当时的修行极高。后来，列子隐居郑国四十余年，修身养性，过着远离世俗的隐居生活。

在列子隐居郑国期间，他的生活穷困潦倒，常常食不果腹，脸上常带饥馑之色。一位他国的使者在郑国见到列子，看到列子生活的窘困状况十分吃惊，当他见到郑国的相国子阳后，对子阳说：“列子是闻名天下的有道之士，居住在贵国这么长时间，生活这么穷困，作为相国，你难道不知道这件事情吗?这样的做法恐怕要被人耻笑了。”子阳听后忙问左右才知道郑国有列子这样一个人，而且生活确实十分穷困，于是就让手下的官员给列子送去了数十车粟米。

听说相国子阳派人送来了粮食，列子立刻出来迎接。列子说道：“相国的心意我领了，但是我隐居于此没有为郑国做一点贡献，没有一点的功劳，我怎么可以接受相国的恩赐呢?还是请拿回去吧。”面对送粮的官员，列子再三拜谢相国的恩典，但是却始终不肯接受官员送来的粮食，无奈之下送粮官员只好作罢，并把此事禀报相国子阳。

送粮的官吏走后，列子的妻子问：“为什么今天相国派使者送来的粮食你不接受呢?”列子对妻子解释说：“因为一旦接受了别人的恩惠而不以死来报答他，这就是不义。如果接受了就要以死来报答，而子阳又是一个不义的人。以死来报答不义之人，则是死于无道。而死于无道是逆天的行为。况且，相国子阳对我并不了解，他只是听了别人的话才给我送来了粮食，今天他可以因为别人赞扬我的话给我送来粮食，明天他也可以因为别人的谗言而拿我问罪，这样的人送来的东西我能接受吗?我这样做是为了洁身自保，以防将来的不测啊。”

后来，果然子阳因不得人心而被忍无可忍的百姓杀死了，而列子做事小心谨慎的心态保全了自己的名节。

## 故事解析

人生在世，难免会遇到这样那样的麻烦事，如果一个细节处理不好，就有可能影响到大局的安危与事业的成败。因此，小心谨慎是那些聪明人做事的原则。无独有偶，有一个尤翁小忍避祸的故事也深刻地说明了做事小心谨慎、关注细节、三思而后行的重要性。

俗话说，谨慎无大错。正是因为诸葛亮一生唯谨慎，才被刘备临终托以大事，辅佐后主，寄以振兴汉室之望。在三国逐鹿中未思胜，先虑败，稳扎稳打，逐渐赢得先机。但智者千虑，终有 失。一时大意派马谡镇守街亭，造成北伐大局的被动。也正因为其“一生谨慎”使得敌军主帅司马懿不敢乘胜掩杀。

丧失谨慎，带来巨大灾难。以色列前国防部长因在二战中右眼受伤导致失明而被称为独眼将军。他在中东战争中屡立战功。也许是以军的几次胜利让他觉得阿拉伯国家的弱小，不敢向以色列发起进攻。所以他在收到敌方即将进攻的情报后无动于衷。直到战前的几个小时才如梦初醒，但为时已晚，以色列在这次战争中遭受重大损失。

平静的水面下往往暗流涌动，我们不要被眼前的和平、宁静迷惑，透过表面的平静，洞察背后的危机，这样我们就可以化解危机，避免造成不必要的损失。

谨慎，不是懦弱，不是不思进取，而是一种稳中取胜的智慧。

## 故事穿越

长州有个大户，叫作尤翁，他开了一家非常大的当铺，每年有上万两银子入账，生活非常富有。这一年，将近年关，各家各户都忙着准备过年，家家张灯结彩，好不快活，尤翁家的当铺也高高地悬起了红灯笼，家里人忙里忙外，准备年货。

这天，尤翁正在屋内休息，听到当铺外面突然传来一阵争吵声，便走出去看。原来是一位邻居先是将衣服当了钱，现在却空手来取衣服。伙计与他讲道理，他反而骂人，两人便吵了起来。尤翁再看看那邻居一副气势汹汹的样子，丝毫没有退缩的意思。尤翁便让伙计去屋里找出那人曾经当过的四五件衣服，指着其中一件棉衣对他说：“这件棉衣嘛，是冬天御寒不可缺少的，你拿回去穿吧。”接着又指着一件道袍说：“这件嘛，过年的时候访亲戚朋友，穿得着，你也拿回去吧。至于其他几件不是急用的，可不可以先放在我这呢？”那邻居也不推辞，更不言谢，拿了两件衣服，默默地走了。

然而，就在当天夜里，这个人竟然死在了另一家当铺，他的亲属与别人打了多年的官司才得以了结。后来，人们才知道，那邻居因为欠了很多债，无力偿还，于是，事先服了毒，准备去诈骗，如果人家不给他钱，他就赖在那里，直到毒发身亡，让对方吃官司。他首先想到的就是尤翁，他知道尤翁很富有，准备来诈他一笔钱，但是由于尤翁的忍让，他的目的没有达到，于是他便转到了另一家当铺。

有人问尤翁："您是怎么知道那人喝了毒药呢？"尤翁谦逊地答道："哪里，哪里，我怎么会事先知道他有这么一手呢。不过。就我的经验来看，凡是无理取闹的，他一定有所倚仗，如果我们小不忍就要遭到大的祸害了。"大家听后，都很佩服尤翁有见识。

## 故事微语

做任何一件事情都要谨慎地把它的前因后果、来龙去脉想清楚，切不可只看到眼前的小利而粗心地做出事后对自己不利的事情。

为人处世，小心谨慎，不可盲从是成功者一直推崇的办事原则。而任何一个有所成就或建功立业的人，在奋斗过程中，都会谨行慎思。因为，这样的人有着长远的目光，他们想得要比普通人更远，看得比普通人更高。

## 心灵箴言

人生大病，只是一"傲"字。

——王阳明

我们不要把眼睛生在头顶上，致使用了自己的脚踏坏了我们想得之于天上的东西。

——冯雪峰

我们不能一有成绩，就像皮球一样，别人拍不得，轻轻一拍，就跳得老高。成绩越大，越要谦虚谨慎。

——王进喜

第四篇

# 汗水，将成功之花浇灌得更绚丽

浮躁的人在人生低谷时也想着早早地走出来，可是他们却不能定下心来，他们总是左顾右盼，不肯下功夫，以至于最后发现自己还在原地踟蹰，而唯有脚踏实地的人，在人生攀登的路上才能走得稳，爬得高，且更快地摘取成功的果实。

我们发现快乐的人都是那么优雅。事实上，优雅的举止人人都可以获得。当我们对于自己的一言一行十分在意的时候，一个人的优雅就很自然地产生了。优雅使一个人从容大度，带给人的快乐无处不在。

# 生活如“人”，永远向上而又双脚踏地

## 故事话题

有这样两个故事：相传清朝有一个名气很大的学者叫董邦达，没出名之前，生活极其贫困。有一天，他给一个理发店写了一副对联：“相逢尽是弹冠客，此去应无搔首人”。不料，这副对联被一位亲王看到了，大加赞赏，于是请他入府做官，从此他得以飞黄腾达，并以书画闻名于世。又相传还有一个理发店，为了装饰门面，招徕顾客，也请一个人写了一副对联：上联是“磨砺以须，问天下头颅几许？”下联是“及锋而试，看老夫手段如何？”没有料到，此联一出，顾客皆裹足不前，理发店的生意再也无人问津了，不得不关门大吉。

为什么后一家理发店的对联一出，顾客就不来了呢？因为它的对联与董邦达那副既具真实性，又富艺术性的对联相比，不但自吹自擂，言过其实，而且气势汹汹，杀气腾腾!试问，谁敢上这样的理发店去理发呢？店主原意是为了突出自己的手艺，不料却因为吹嘘过了头把事业搞垮了。

## 故事解析

做人，要做老实人，做事，更要办老实事。说真话，走正路，办实事，应该成为我们的人生信条。

襟怀坦白、光明磊落、说老实话、办老实事、做老实人，这些美德，是追求真理的起码条件，更是我们待人处世的前提。老老实实做人、踏踏实实做事不仅是做人的标准，而且是我们事业胜利的保证。大家想想看：谎报军情，要打败仗；谎报农情，会造成减产减收；谎报商情，要在竞争中被淘汰；谎报国民经济形势，就不可能制定出正确的方针政策。

弄虚作假，行骗于人，虽然短期也许能捞到一点“好处”，但纸里包不住火，乌云终将被太阳赶走。谁欺骗了社会，谁就要失去社会的信赖；谁欺骗了生活，谁就会受到生活的报复。从古至今，弄虚作假的人，到头来哪个不是自食其果?

鲁迅曾把那些脚踏实地、埋头苦干的人称为“中国的脊梁”，而对那些“志极高而心不专”的好高骛远者，总是投以轻蔑的目光。在他看来，光说不干的不是好汉。朱伯儒曾说过这样三句话：“说得好，做得好，打满分。说得好，做得一般，打三分。说得漂亮，不去做，打零分。”

## 故事穿越

查理·贝尔出生于一个贫困的家庭，15 岁的时候，他去了一家店里打工。15 岁对于每个人来说，还是一个懵懂的年龄。但是，15 岁也是一个懂事的年龄，已经开始明白“理想”是何物，已经有了自己对未来模糊的憧憬。

他的第一份工作是打扫厕所，是那种最底层又脏又累的杂役类劳工。贝尔对待工作很认真，把自己的分内工作扫厕所做完了，还做其他的杂事，比如擦地板，给其他正式员工打下手。

贝尔的勤奋和踏实，让他的老板看在眼里。没过多久，老板让他签了员工培训协议，让他接受一次正规的职业培训。培训结束后，又让他在店内各个岗位进行锻炼。贝尔经过几年的锻炼，很快获得了生产、服务、管理等一系列工作经验。19 岁时，他就被提升为店面经理。

这就是踏实带给贝尔的最大成就。如果一开始他就很浮躁，或是急于求成，也许将不会再有后来的那个查理·贝尔了。也许在那个年龄的他，也意识到踏踏实实走好每一步，会带给他丰厚的回报。所以他坚持了这种工作作风，并且坚持了一生。

贝尔不但踏实地学习、工作，而且还常常用心研究业务和顾客的消费规律。他总和员工们一道亲自去做站台服务、接待顾客之类的小事。在他担任澳大利亚分公司副总裁期间，他把公司的连锁店从 388 家扩展到 683 家。

贝尔后来的路走得越来越顺，27 岁成了公司澳大利亚分公司的副总裁，29岁成为公司董事会成员……43岁，他成为总公司的总裁兼首席执行官。

你知道理查·贝尔供职的是哪家公司吗?它就是众所周知的快餐连锁店麦当劳。贝尔是知名餐饮业中唯一亲自站柜台的董事长，也是一个从最底层一步步踏实走上去，最终晋升为知名公司的最高层领导人。

## 故事微语

每一幢房屋的修建，都离不开打地基。没有地基的房屋，建得越高，危险越大。在摇摇欲坠的过程中，不知道哪一天就会轰然倒塌。人生也是如此，也需要打好基础，才能走得沉稳。就像房屋需要打下坚实的地基一样，不管你从事什么行业，踏实走好每一步，都是在为自己的梦想夯实“地基”。

每个人都会有梦想，谁都想一飞冲天，然后站在辉煌的尖端俯瞰芸芸众生。但是，展翅飞翔的前提，是要先踏实，先有坚硬的翅膀。通过不懈的努力，踏踏实实地走好每一步，只有这样才能让你振翅飞翔时更有力量，才能让你最终稳稳地站在事业的巅峰。

## 心灵箴言

勤劳远比黄金可贵。

——[伊朗] 萨迪

谁要是游戏人生，他就一事无成；谁不能主宰自己，永远是一个奴隶。

——[德] 歌德

当设计图纸的重量等于飞机时，飞机就能飞行了。这句话告诉我们的道理就是，做事要踏实，要付出，要努力。踏实会让人厚积薄发，使人梦想中成功。

——[美国] 道格拉斯

# 不求风光，只求实实在在

## 故事话题

小晗毕业于某大学外语系，她一心想进入大型的外资企业，最后却不得不到了一家成立不到半年的小公司栖身。心高气傲的小晗根本没把这家小公司放在眼里，她想利用试用期“骑马找马”。

在小晗看来，这里的一切都不顺眼——不修边幅的老板，不完善的管理制度，土里土气的同事……自己梦想中的工作可完全不是这么回事啊。“怎么回事?”“什么破公司?”“整理文档?这样的小事怎么让我这个外语系的高材生做呢?”“这么简单的文件必须得我翻译吗?”“就一篇小报告而已，为什么自己不写，非要我帮忙呢?”“噢，我受不了了!”

就这样，小晗天天抱怨老板和同事，双眉不展、牢骚不停，而实际的工作却常常是能拖则拖，能躲就躲，因为这些“芝麻绿豆的小事”根本就不在她思考的范围之内，她梦想中的工作应该是一言定千金的那种，现实距之为什么那么远呢?

试用期很快过去了，老板认真地对她说：“我们认为，你确实是个人才，但你似乎并不喜欢在我们这种小公司里工作，因此对手边的工作敷衍了事。既然如此，我们也没有理由挽留你。对不起，请另谋高就吧!”

被辞退的小晗这才清醒过来，当初自己应聘到这家公司也是费了不少力气的，而且，就眼前的就业形势，再找一份像这样的工作也很困难啊。初次工作就以“翻船”而告终，这让小晗万分失望与后悔，可一切都已晚矣!

## 故事解析

职场中还有一些人则与小晗不同，他们也有很高的梦想，但他们不会每天都深陷于幻想中难以自拔，他们会制订好切实可行的计划，从现在的工作开始做起，从一点一滴的小事做起，并这样毫不松懈地坚持下去。他们知道除非是他们努力把事情做成，否则什么也不会发生。就这样，他们一步步地默默努力着。即使原本起点很低，但一天一点进步，就会慢慢缩短与目标的差距。终于有一天，他们晋升成为公司的骨干，所有人都不禁会大吃一惊，但仔细回想，这一切其实纯属正常，毕竟天助自助者。梦想对于他们，已经变成了活生生的现实。

我们作为跨世纪的青年人，要牢固树立“老老实实做人、踏踏实实做事”的人生态度，从自己做起，从一点一滴做起，从平凡小事做起，以自身的实际行动，说真话，走正道，办实事，以自身的实际行动，锐意进取，务实奉献，努力拿满分!

## 故事穿越

李妍大学一毕业就去了南方，然后顺利地在一家跨国公司找到了一个职位。上班的第一天，李妍就发誓要让自己成为公司里的不可缺者之一。

李妍负责的工作是档案管理，资源管理专业出身的她很快就发现了公司在这方面存在的弊端。她开始连夜加班，查阅大量资料，运用所学的理论知识写出一份系统的解决方案，并将公司内部工作运行流程、市场营销方式以及后勤事务的规范，也整理出一套完整的方案，然后一并发到行政经理的电子信箱中。没过几天，行政经理就请她到公司的餐厅喝咖啡，离开时语重心长地拍了拍她的肩头：“公司对勤奋的人，向来是给予足够的空间施展才华的，好好努力。”

李妍更加努力工作。公司想竞标一个大商厦周围的霓虹灯方案，同事们整天翻案例找朋友，忙得焦头烂额。李妍白天做自己分内的工作，晚上却通宵不眠熬红了眼做方案文书。竞标前一天交方案时，李妍去得最晚，行政经理不解：“你们部门已经交来了。”李妍充满信心地看着他说：“这是不一样的”，竞标的当天，各种方案一下子被否决掉好几份，公司高层开始紧张，决定试试李妍的方案。这一试让李妍为公司立下了汗马功劳。

第二天，消息就传遍了整个公司，大家都知道了人事资料管理科有个叫李妍的人很出色。一个月之后，公司人事大调整，原来的部门经理调到别的部门，新来的行政任命文件上赫然印着李妍的名字。在同事们复杂的眼光里，李妍收拾好自己的东西，迈着自信的脚步走进了 18 层那间豪华的办公室。

## 故事微语

想一想你周围的人们，像小晗或者李妍这样两种截然不同的人应该都不在少数。也许你会对那些刚开始豪情万丈的人充满由衷的向往，忍不住在心中勾画起自己的蓝图来。这样做是没有错，每个人都应该有自己的理想，但理想一定要切合实际，更重要的是，你要做好行动的计划和准备，要通过自己的努力实现理想。

因此，那些像蜜蜂般踏实工作，并取得了一定成绩的人才是真正值得我们去学习的。毕竟，每个人来公司都是要做一些事情，只有空想是不行的，如果每天都沉浸在自己的梦想中，以至于耽误了正常的工作，想做的还做不到，该做的又不去做，老板会继续需要你吗?同事们会视而不见、毫无怨言吗?

千里之行始于足下，只有辛勤耕耘才会有所收获。再宏伟的梦想，也经不住尽说不做；因此做事一定要脚踏实地，坚决杜绝眼高手低。

## 心灵箴言

努力学习，勤奋工作，让青春更加光彩。

——王光美

必须如蜜蜂一样，采过许多花，才能酿出蜜来。

——鲁迅

人生应该如蜡烛一样，从顶燃到底，一直都是光明的。

——萧楚女

# 生活的完美是为了完美的生活

## 故事话题

在铁路局工作的亨利是一名火车后厢的刹车员，由于他很聪明、和善，以及脸上经常带着微笑，而赢得了旅客们的欢迎。

在冬季的一个夜晚，突然下起了一场暴风雪，导致火车晚点了。亨利也抱怨着，因为这场暴风雪，迫使他不得不在这样寒冷的冬夜里加班。就在亨利正想着如何才能够逃脱夜里的加班时，另外一节车厢中的列车长与工程师，已经开始对这场不期而至的暴风雪警惕起来了。

这个时候，在两个车站中间，狂风吹掉了其中一列火车发动机上的汽缸盖，必须临时停车。但是另一辆快车又必须拐道，几分钟之后就要从这一条铁轨上驶过。列车长立即跑来，让亨利提着红灯去后边。亨利心想，后车厢还有一名工程师与助理刹车员在那里守着呢。于是，就笑着对列车长说："不必那么着急，后边还有人守着呢，等我取来外套就去。"列车长十分严肃地说："1 分钟也不能等了，那列火车马上就要开过来了。"

亨利微笑着说："好的！"听了他的答复以后，列车长又急忙奔向前面的发动机房。

不过，亨利并未马上动身，他觉得后车厢内有一名工程师与一位助理刹车员在那里替他扛着这项工作，自己就不用冒着严寒与危险快速地奔向后车厢了。于是，亨利停了下来，喝了几口小酒，暖了暖身子，这才吹着口哨、不慌不忙地走向后车厢。

没想到，亨利刚刚走到距离车厢还有十几米远的地方时，就发现工程师与那位助理刹车员根本就不在那里。原来列车长早已让他们到前边的车厢，处理另外一个问题了。亨利赶紧快速地向前跑去，可一切都来不及了。就在这可怕的一刻，那辆快车的车头就撞到了亨利所在的这列火车，受伤乘客的嘶喊声和蒸汽泄漏的嗞嗞声，混杂在了一起。

事后，当大家再去找亨利的时候，他已经失踪了。就在几天之后，人们在一个谷仓中发现了他。这时，他已经疯掉了。他看上去傻傻的，嘴里还不时地叫喊着："啊，我本该……"

人们只好将亨利送回了家，接着他又被关进了疯人院。

## 故事解析

一个人在做事的时候，就应当将自己职责范围内的事情做好。不要认为自己不去做，别人就会来做，也不要觉得自己不负责任，别人不会发现，不会对整体有任何影响。因为你在信守责任的同时，也是在信守一个人的人格与道德。

责任并没有大小之分，哪怕是一丝一毫的不负责任，都会造成车毁人亡的惨剧。所有的工作岗位都是非常重要的，任何人在任何时候，只要存在一点不负责的行为，都有可能给企业造成巨大的损失。

有一些人在做事情的时候，对自己的要求是“差不多”，在这些人的观念里，天下没有完美的事，何必用一种事事求完美的标准做事呢！所以，在工作中，他们对自己的要求不高，而当结果出来时，他们发现自己干得比预想的还差。给自己定一个较低的目标，只会取得更低的结果；给自己定一个高目标，就会取得较好的效果。这说明我们只有给自己确立更高的定位，才能达到预期的目标。所以追求成功的人绝不会满足于“差不多”的工作定位，必然会全力以赴。正如书中所告诉我们的“成功人士不管做什么事情，必然都会全力以赴，能做到 100 分绝不只做 99 分。”他们积极寻求完善自我、提升自我的方法，并且为了促进自身进步，不断努力把工作做得更加出色。

一个人即使在最平凡的岗位上，只要尽善尽美地去把工作做好，做出色，就能成就不平凡的事业。因此我们无论做什么工作，都应该把它做到尽善尽美，坚持把平凡的工作做好，成就不平凡的事业。

## 故事穿越

某大型跨国公司的总裁，想提拔一位刚刚毕业的青年，打算让他先去欧洲进行为期两年的培训，等到回来之后再重用。因为这个人对于业务方面的知识，掌握得非常熟练，工作尤为努力，在待人接物方面也很有礼貌。总裁觉得他非常有前途，是一个可塑之才，所以才决定派他去海外接受培训。

不过，就在他要启程去欧洲接受培训的前几天，总裁不经意地走到了这个青年的身后。他看见那个年轻人，故意将掉于路当中的垃圾踢向了一边，而不是顺手捡起来丢入垃圾筒中。这只不过是举手之劳啊！此后连续几天，总裁都刻意观察这个年轻人的行为。他又发现，在吃过午饭后，该青年并未把餐具放于指定的位置。因此，总裁立即做出了决定，更改了原本打算送去海外进行培训的人员名单。因为总裁认为，这样一名不能自觉遵守最基本的日常准则，甚至是毫无公德心的员工，又怎能成为一名优秀的领导者，怎么可能会对一家公司高度负责呢？

## 故事微语

越来越多的员工只管上班不问贡献，只管接受指令却不顾结果。他们得过且过、应付了事，将把事情做得“差不多”作为自己的最高准则；他们能拖就拖，无法在规定的时间完成任务；他们马马虎虎、粗心大意、敷衍塞责……这些统统都是做事不负责任的具体表现。

其实，一个人是否具有责任感，并不只是体现在大是大非面前，更多的是体现在各种小事与细节中。一个对小事都不想负责的人，又怎么能担当起更大的责任呢？一个对待工作不谨慎、不细心、马马虎虎、大大咧咧的职员，又怎能够圆满地完成上级布置的任务呢？

“粗心、懒散、马虎、草率”等这些字眼，正是对工作不负责任的精准描述。有许多这样的员工，就是因为工作时的粗心大意而失去工作的。请务必牢记，只有那些不需要他人监督，而且具有坚毅与正直品格的人，才能够改变世界，才能够拥抱成功的未来。

## 心灵箴言

情况是在不断的变化，要使自己的思想适应新的情况，就得学习。

——毛泽东

人生是一个永不停息的工厂，那里没有懒人的位置。工作吧！创造吧！

——[法] 罗曼·罗兰

我对青年的劝告只用三句话就可概括，那就是，认真工作，更认真地工作，工作到底。

——[德] 俾斯麦

# 一步一步，成功脚步的幅度

## 故事话题

就读于某名牌大学新闻系的小军，在校时就已经有许多篇文章问世，有的文章还在社会上产生了较大的反响。早已享有“才子”称号的他，毕业时与其他几位同学一起被分配到了某报社。

小军想当然地认为自己一定会被分到“要闻部”，不久就会成为“名记”。

可是，当领导公布岗位分配的名单时，他才知道自己被分到了总编办公室。而另两位没有他出色的同学，则被安排在要闻部当实习记者，这一下，小军不禁大失所望。

他开始埋怨领导“不识真金”、“有眼无珠”、“安排不当”。实际上，领导这样安排，并非不了解他，而是想让他全面了解报业的运作过程和主要环节，使他了解全局，以便更好地发挥他的作用。

领导的本意是想给他提供锻炼、成长的机会，将来加以重用，但小军却看不到这一点，反而心生怨言，没干多久就辞职了。这无异于自毁前程。

丽萍大学毕业后，被分配到一家电影制片厂担任助理影片剪辑。这本来是一个人在影视界寻求发展的起点，但在 10 个月后，她却离开了这个岗位，辞职了。

她认为自己这样做的理由很充分：堂堂一个大学毕业生，受过多年的高等教育，却在干一个小学毕业生都能干的事情，把宝贵时光耗费在贴标签、编号、跑腿、保持影片整洁等琐事上面。这怎能不使她感到委屈呢?她有一种上当受骗的感觉，更有一种对不起自己的感觉。

几年后，当丽萍看到电视上打出的演职员表时，竟然发现以前的同事，有的现在已经成为著名的导演，有的已经成为制作人。此时，她的心中颇有点不是滋味。

## 故事解析

小军和丽萍都未看到平凡岗位上的不平凡意义，所以他们的辞职是自己关闭了在社会上闯出一番事业的大门。

许多实现了人生目标的过来人都说，谁都无法“一步到位”，只能一步一个脚印地走下去，才会达到成功。因此，人不要把眼睛只盯住脚下、眼前，而不抬头看看巅峰高处、忽视了自己事业的长远规划。

决心获得成功的人都知道，进步是一点一滴不断努力得来的，就像

“罗马不是一天造成的”一样。例如，登山是一步一步向上爬的；房屋是由一砖一瓦堆砌成的；足球比赛最后的胜利是由一次一次的得分累积而成的；商家的繁荣也是靠着一个一个的顾客逐渐壮大的。所以每一个重大的成就都是一系列的小成就累积而成的。

一步一个脚印，兢兢业业、任劳任怨，这就是走出底层的捷径。决心从低点起步的人不会妄想着一步登天，他们懂得“世界上没有免费的午餐”，一切成绩都需要付出自己的努力，需要脚踏实地地走下去，把上级交予的任务完成得无可挑剔，这样才会获得青睐，才能受到提拔，而且这种脚踏实地的作风会给上级留下良好的影响，对未来的发展也是极为有利的。

## 故事穿越

一天，上帝宣布说，如果有哪个泥人能够渡过他指定的河流，他就会赐给这个泥人一颗永远不死的金子般的心。

过了好长时间，泥人们都没有回应。就在上帝也不抱希望时，终于有一个小泥人站了出来，说他想过河。

“泥人是不可能过河的，你别做梦了。”

“你的肉体会一点儿一点儿地被河水冲走的。”

“就算不被河水冲走，河里的鱼虾也会把你吞掉的……”

然而，这个小泥人还是执意要过河。他不想一辈子只做泥人，他要拥有自己的天堂。

同时，他也知道，要到天堂，必须先过地狱，而他的地狱，就是他将要穿越的这条河。

小泥人来到了河边，他一步一步默默地往前挪动着自己的脚步，他的双脚飞快地溶化着，一阵阵撕心裂肺的痛楚时时袭来，鱼虾也在贪婪地啄食着他的身体，但是，小泥人仍然孤独而倔强地走着。

一步又一步，小泥人就这样一步一步地往前走，他不知道自己要迈多少步才能走过河，也不知道自己能不能过得了河，他只是感觉河好宽好宽，好像耗尽一生也走不到尽头似的。终于，就在小泥人几近绝望的时候，他突然发现，自己居然上岸了。低头看看脚下时，他惊奇地发现，他已经有了一颗金灿灿的心。

小泥人终于明白了：从来就没有什么幸运的事情，能够来到天堂的人，不是因为幸运，而是都经过了地狱般的磨难，一步一步踏踏实实走过来的。

## 故事微语

不要以为可以不经过程而直奔终点，不从卑俗而直达高雅。目标远大固然不错，但有了目标，还要为目标付出艰苦的努力。如果你只空怀大志，而不愿为实现理想付出辛勤劳动，那么“理想”只能是空中楼阁。

一个人胸怀远大的理想的确值得称赞，但不应由此而脱离了实际，把目标和做事都过于理想化。无论做什么事情，我们更需要的是求真务实、脚踏实地。脱离了现实便只能生活在虚幻之中，脱离了自身便只能见到一个无限夸大的幻象。不能脚踏实地，只能在空中飘着，那所有的远大目标也只不过是海市蜃楼。

能不能做好生活中的每一件小事，反映的不仅是一种能力，更是一种态度。不踏实的人，首要的错误就在于不切实际，不能脚踏实地，既脱离现实，又脱离自身。事业成功与工作态度，就像车身与车轮一样，如果你不让车轮着地，车就永远不可能驶向远方。

把踏实当作你的座右铭吧，只有踏实地做人、做事，你才能为将来的成功打下坚实的基础，才能把梦想变成现实。

## 心灵箴言

踏实，是学有所成的根本；马虎，是求知的大敌。

——《新格言》

一个人假如不脚踏实地去做，那么所希望的一切就会落空。

——[法] 摩路瓦

我们对真理所能表示的最大崇拜，就是要脚踏实地地去履行它。

——[美] 爱默生

# 天分，并不意味着“幸运”

## 故事话题

王安石在《伤仲永》一文中曾经说道：“金溪百姓方仲永，世代以耕田为业。仲永长到5岁的时候，不曾认识书写工具，有一天忽然哭着要它们。他的父亲对此感到诧异，借邻居的书写工具给他，仲永立刻写了四句诗，并且自己题上自己的名字。他的这首诗把赡养父母、和同一宗族的人搞好关系作为内容，传送给全乡的秀才观赏。从此指定物品让他写诗他能立刻完成，诗的文采和道理都有值得观赏的地方。同县的人对此感到非常惊奇，渐渐对他父亲以宾客之礼相待，还有的人用钱求仲永题诗。他的父亲认为这样有利可图，每天带着仲永四处拜访同县的人，不让仲永学习。

我听说这件事很久了。明道年间，我跟从先父回到家乡，在舅舅家里见到他，他已经十二三岁了。让他作诗，写出来的诗不能与从前的名声相称了。又过了7年，我从扬州回来，再次到舅舅家，问起仲永的情况，回答说：‘仲永的才能已经消失，完全如同常人了。’”

王安石说：仲永的通晓、领悟能力是天赋的。他的天资，远远地超过有才能的人。最终成为一个平凡的人，则是因为他没有受到后天的教育。像他那样天生聪明，如此有才智的人，没有受到后天的教育，尚且要成为平凡的人；现在那些不是天生聪明，本来就平凡的人，又不接受后天的教育，能够成为普通人就为止了吗？

## 故事解析

好的天资是重要的，天资聪颖的人，只要付出比较少的努力，就能轻易取得普通人要花费很多心力才能取得的成果。有天资，再加上后天的努力，就更易实现别人难以实现的梦想。但是，天资好也要努力，如果不努力学习和工作，天资再好也会像方仲永一样“泯然众人”。

天资很重要，但是天才毕竟是少数人。天资差一些就不行吗？其实在这个世界上，大多数人不是天才或天资不够，即便如此，可是他们也能正常的生活，不少人甚至取得很大的成功。这正是因为他们笨鸟先飞、凭借了后天的勤奋学习、努力工作。无论是牛顿还是爱因斯坦、华罗庚或者是陈景润，他们小时候都不是什么“神童”，但是他们都是科学的巨匠，世人仰慕的先贤，他们最终都取得了巨大成就，所依靠的，就是努力学习、勤奋刻苦……

尽管智力平庸，但努力的人会想方设法保持领先，一步一步积累自己的优势。而那些所谓智力超群、才华横溢的人却仍在四处涉猎，毫无目标，最终一无所获。

俗话说，“尺有所短、寸有所长”，每个人都有自己天赋的“强项”和“弱项”，再聪明的人，也不可能样样事都擅长。因为自己某个方面有些过人的天赋，就洋洋自得地睡大觉，却不知道，“笨人”已经凭着脚踏实地的努力超了自己，这才是真正的愚蠢!

## 故事穿越

维克多与伊雷内这两兄弟，可以说是截然不同的两种人。哥哥维克多身材挺拔、相貌英俊、口齿伶俐、头脑敏捷、才华过人，外表上简直没什么缺点。他是一个社交明星，给每个人留下的第一印象都是完美的。但是熟悉他的人知道，他从来就没有认认真真地办过一件事，就是答应别人的事，他也可能会忘掉，他仅仅是个吃喝玩乐的专家。如果派他外出考察，他回来后拿不出多少有价值的商业情报，却能将旅途中见识到的美味佳肴和美女描述得绘声绘色。

弟弟伊雷内虽然身材不高，相貌平平，但在学习和工作中都有股近乎痴迷的专注劲儿。小时候在法国，当家境还很宽裕的时候，他受拉瓦锡的影响，对化学着了迷。那时候父亲皮埃尔是路易十六王朝的商业总监，兼有贵族身份。拉瓦锡和皮埃尔谈论化学知识的时候，小伊雷内总是稳稳当

当地坐在旁边，竖起耳朵听着，他对“肥料爆炸”的事尤其感兴趣。拉瓦锡也喜欢这个安安静静的孩子，就把他带到自己主管的皇家火药厂玩，还教他配制当时世界上质量最好的火药。

后来，这个家庭在法国大革命中险遭灭顶之灾，全家人不得不漂洋过海来到美国。父亲在新大陆尝试过好几种商业计划——倒卖土地、货运、走私黄金……全都失败了。在全家人垂头丧气的时候，年轻的伊雷内苦苦思索着振兴家业的良策。

有一天，伊雷内与美国陆军上校路易斯·特萨德到郊外打猎，他的枪哑了三次，而上校的枪一扣扳机就响。上校说：“你应该用英国的火药粉，美国的太差劲。”一句话使伊雷内茅塞顿开。他想，在战乱期间，世界上最需要的不就是火药吗？在这方面，我是有优势的，从拉瓦锡那里学到的知识，会让我成为美国最好的火药商。

伊雷内就靠着这股专注劲，克服了许多困难，把火药厂办了起来。他，就是举世闻名的杜邦公司的创始人伊雷内·杜邦。而聪明的维克多呢？他只得靠着弟弟的扶持，在纽约给弟弟做代理。

## 故事微语

历史上，总是一遍又一遍地上演着维克多与伊雷内的故事。平庸者成功，聪明人失败，这是件令人惊叹、令人费解却又一再重复的情节。通过分析，我们可以找到其中的原因：那些看似愚钝的人，却往往有一种顽强的毅力，在任何情况下都有坚如磐石的决心。所以他们能不受任何诱惑，不偏离自己的既定目标，日积月累地做下去，直到成功。相反，那些聪明却不认真的人，开始可能会有一些小成功。比如，在大学里遥遥领先，比社区的其他同龄人更引人注目，于是他们往往放纵了自己，游戏人生，徒然浪费了才华。

奔驰的骏马尽管在开始的时候总是呼啸在前，但最终抵达目的地的，却往往是充满耐心和毅力的骆驼。天生有颗聪明的“脑袋”，并不意味着“幸运”。因为聪明而误了终生的人，古往今来大有人在。因为觉察到自己

某些方面的“聪明”，变得心态浮躁，高不成低不就，总是找不到自己适合的“位置”，这样的人更是大有人在。

世界上的许多成大事者，大都是一些资质平平的人，而不是才智超群、多才多艺的人。有一些人，在别人来看，取得了远远超过他们“聪明程度”的业绩，这看起来实在有些不可思议。其实，这正是因为他们能专心于一个领域，耕耘不辍，最终才会有所收获。

## 心灵箴言

在当前现实的狭隘基础上，有高尚理想，全面的计划；在一步一步行动上，想到远大前途，脚踏实地地稳步前进，才能有所成就。

——徐特立

雄心壮志只能建立在踏实的基础上，否则就不叫雄心壮志。雄心壮志需要有步骤地，一步步地，踏踏实实地去实现，一步一个脚印，不让它有一步落空。

——华罗庚

我们一步一步走下去，踏踏实实地去走，永不抗拒生命交给我们的重负，才是一个勇者。到了蓦然回首的那一瞬间，生命必然给我们公平的答案和又一次乍喜的心情，那时的山和水，又回复了是山是水，而人生已然走过，是多么美好的一个秋天。

——三毛

第五篇

# 审视，看清自己才能远眺未来

金无足赤，人无完人。每个人在人生的道路上都留下了不可磨灭的足迹，那些足迹印证着我们的成长。然而每个人都避免不了犯错误，在人生发展的关键阶段，如果做不到反省，只会让自己错上加错，愈陷愈深。因此，反省是成功的基石。

# 看见最好的自己

## 故事话题

有一种奇怪的虫子，叫列队毛毛虫。顾名思义，这种毛毛虫喜欢列成一个队伍行走。最前面的一只负责方向，后面的只管跟从。生物学家曾经做过一个有趣的实验，诱使领头毛毛虫围绕一个大花盆绕圈，其他的毛毛虫跟着领头的毛毛虫，在花盆边沿首尾相连，形成一个圈。这样，整个毛毛虫队伍就无始无终，每个毛毛虫都可以是队伍的头或尾。每个毛毛虫都跟着它前面的毛毛虫爬呀爬，周而复始。直到几天后，毛毛虫们被饿晕了，从花盆上掉下来。

这些毛毛虫遵守着它们的本能、习惯、传统、先例、过去的经验、惯例，或者随便你叫它什么好了。它们干活很卖力，但毫无成果。它们的失误在于失去了自己的判断，盲目跟从，进入了一个循环的怪圈。

## 故事解析

这是一个很有哲理的小故事，由此可以想象到现实生活中的我们，有时是不是也犯毛毛虫的错误，没有了自己的主见，不相信自己了，盲目效仿别人的做法，导致自己失败呢？

其实人在有些时候何尝不是如此呢？许多人盲目跟从那些所谓权威，一旦他们发生失误，全部人生都变得失败。

有时候，我们自己也有过类似这些年轻人的行为。比如，在对一件事发表看法的时候，我们从来都是附和所谓“权威”人物的观点，而不敢大胆说出自己的想法。再比如，在为人处世的过程中，我们经常习惯地按照别人的反应来决定，而不是按照自己的意愿去决定，等等。这是不自信的表现，也是虚荣心在作祟，这时的我们已经成了上面故事中崇拜小丑的“俗人”，丧失了按照自己意愿生活的能力。

一位通晓做人的内在法则的人士指出：“当别人对你说‘快看这儿’或‘快瞧那儿’的时候，请你不要盲目地追随他们，因为幸福就在你的心中。”其实，何止是幸福呢，包括做人做事都是这样，我们不能在听了别人对自己的看法后，就依附他们的喜好来改变自己，我们要按照自己的个性生活，尽情地去展示自己的天性和美丽，而不是盲目地追随别人。

## 故事穿越

古时候有一位老人，辛苦劳作一辈子，攒下了一笔不小的财富，但是他自己明白，自己正在慢慢老去，最终不会带走这些财富。随着身体每况愈下，他感觉到自己也将没有多少时日了，于是就考虑在三个孩子中选一个继承自己的财富。经过再三考虑，老人决定把财富留给品性和修为最成熟的人。这天，老人把三个孩子叫到了自己的病榻前。

“在我去世之前我要把财富留给你们，但谁能获得这笔财富，要看你们的各自行动”。老人告诉孩子们：“你们各自拿两张纸，一张写上自己的优点，一张写上另外两个人的缺点，然后把两张纸拿给另外的两兄弟签名。无论是优点还是缺点，写的越多，最先完成这件事的人，就能分到更多的的财产。”兄弟三人同意了老人的方法，并且约定，在第二天，重新回到老人的病榻旁，来公布答案。

第二天一早，兄弟三人准时来到老人的房间，他先让两个哥哥拿出他们写出的优点和缺点的清单。老人看过之后笑了起来，二人写出来自己的优点和对方的缺点刚好是一样多。最让人啼笑皆非的是，老大自己认为是优点的地方，被老二写成了缺点；相反，老二自认为是优点的地方也刚好是老大列举出来的缺点。对自己的看法和另一个兄弟眼中的自己，恰恰是南辕北辙。

老大和老二争执不下，老人这时微笑着问老三：你有没有好的建

议？老三告诉两个哥哥：“不如先签下那张写有自己缺点的单子，承认了自己的缺点，对方也会同意你的优点。”按照老三的建议，老大和老二进行了尝试，果然得到了皆大欢喜的结果，写下优点和缺点的单子都顺利得到了签字。

老人将三兄弟的清单进行综合对比，老三的两张单子上签字的时间只相差一分钟，提前了老大和老二整整一天。

老人拿给三兄弟一人一个信封，里面各放着一张纸条，上面这样写到：“想要别人接受你的逻辑很简单，先承认自己的缺点，优点才会有成长的空间。想要别人认同你的方法很简单，先体会别人的感受，而不是先保护自己的感受。优点和缺点的界限并不在我们自己身上，而在别人的眼中。”

第三天，当老大和老二又在因为缺点和优点争吵时，老三安静地坐在一旁。老人问：“你获得了哥哥们的签字了么？”老三回答道：“是的，我的两张纸条上都是空白的，我认为自己没有优点，哥哥们也没有优点，很容易就拿到了签字的清单。”

## 故事微语

“一千个读者就有一千个哈姆雷特”，这是英国大文学家莎士比亚曾说过的一句经典名言。所谓仁者见仁智者见智，优点和缺点不可能在每个人的眼睛里都相同。拿竹子来说，有的人喜欢，就说它虚心、高节；有的人不喜欢，就说它徒有虚表，腹中空无一物。每个人都有自己的长处和短处，青少年想要成长，就要多用自己的长处去帮助自己成长，但也不能因为自己的缺点而沉溺在矛盾当中。如果要想取得成功，必须从认知自己开始。首先学着了解自己，了解自己的长处，也了解自己的缺点。对自己看得越准确、越透彻，选择的道路就会越正确，自身的潜力就越能发挥出来，成功的可能性就越大。

## 心灵箴言

深窥自己的心，而后发觉一切的奇迹在你自己。

——[英] 培根

有信心的人，可以化渺小为伟大，化平庸为神奇。

——[爱尔兰] 萧伯纳

我们对自己抱有的信心，将使别人对我们萌生信心的绿芽。

——[法] 拉劳士福古

# 不是没才能，而是你没有看见

## 故事话题

在一家日用品店里，有许多各式各样、大小不一的罐子。店主人很喜欢其中的两只美观的罐子，他每天都要仔细地擦拭它们。这两只罐子其中一只是陶的，另一只是铁的。

一天，骄傲的铁罐看着身边的陶罐，奚落道："陶罐子，主人怎么会喜欢你呢，你有什么好的，你敢碰我吗？"

陶罐谦虚地一笑，回答道："铁罐兄，我可不敢碰你，一碰你我就会碎成碎片的。"

"哈哈哈……"铁罐露出了更加轻蔑的神气，说着："我就知道你不敢，懦弱的东西！"

"我确实不敢碰你，但不能叫作懦弱。"陶罐争辩说。

"但是，毫无疑问，我是铁制的，你是陶制的，你一碰就会破成碎片，而我什么也不怕，和你在一起我感到羞耻！"铁罐继续说道。

"何必这样说呢，"陶罐不高兴地说，"主人制造我们并不是让我们来互相撞碰的，而是利用我们盛东西。在完成我们的本职任务方面，我不

见得比你差。再说……”

“住嘴！”铁罐愤怒地说，“你算什么东西，怎么敢和我相提并论！我们走着瞧吧，总有一天，我要把你碰成碎片，而我却永远在这里！”

陶罐不再理会。

很快，战争爆发了，罐子店倒塌了，两只罐子被埋在荒凉的土地下，一个世纪连着一个世纪。

许多年以后的一天，一群人发掘出了那只陶罐，惊讶地说：“哟，这里头有一只罐子！”

大家把陶罐捧起，把它身上的泥土刷掉，擦洗干净，它和当年完全一样，朴素、美观、毫光可鉴，人们高兴地叫了起来：“是一只陶罐！你瞧，它是多美的罐子啊！”

“小心点，千万别把它弄破了，这是古代的东西，价值连城的。”人们互相传递着观摩这只陶罐，动作小心翼翼。

“谢谢你们！”陶罐兴奋地说，“我的兄弟铁罐就在我的旁边，请你们把它掘出来吧，它一定闷得够受的了。”

人们立即动手，翻来覆去，把土都掘遍了。但一点铁罐的影子也没有，不知道在什么年代，铁罐已经完全氧化，早就无踪无影了。

## 故事解析

在我们一生中，不可避免会遇到一些令人难以忍受的事情。有时是偏见和歧视，有时是打击和嘲讽，有时是压迫和摧残。面对这种情形，人最容易心灰意冷，总容易选择放弃。然而，你不能否认，桎梏有时也是人生的一枚试金石。在这枚试金石下，强者让自己的生命更辉煌，弱者则让生命枯萎。

任何一个人都不会是十全十美的，任何一个人都有自己的短处和长处，熟人相处也好，结交新朋友也好，多去发现并学他人的长处，才能在人才济济的社会中不断地充实并提升自己。千万不要拿他人的短处去嘲笑、讽刺，懂得对朋友竭诚相待，朋友之间取长补短，共同进步，是一个优秀青少年必备的素质，更是由大男孩转变为男子汉的必备品质。

## 故事穿越

美国著名跳水运动员格里格·洛加尼斯，小时候因为自己有讲话和阅读障碍，所以非常自卑。洛加尼斯觉得自己一无是处，总是感觉非常沮丧。不过他非常喜欢舞蹈、体操和跳水，他知道自己在运动方面极具天赋。认清这些之后，他开始找回了自信，并开始专注于舞蹈、体操和跳水方面的锻炼。果然，他的运动天赋得到充分发挥，他开始在各种体育比赛中崭露头角。

直到中学时，洛加尼斯发现自己有些力不从心了，因为无论是舞蹈、跳水、还是体操，都需要辛勤地付出，他不可能有那么多时间和精力去全部顾及这么多事。他知道自己只能选择其中一项作为自己毕生的追求，这时，他幸运地遇到了他的恩师乔恩，一位前奥运会跳水冠军。经过对

洛加尼斯的观察和分析，乔恩认为洛加尼斯在跳水方面更有天赋。洛加尼斯听了老师的建议后重新审视自己，认为自己的确更喜欢跳水，他也认识到自己所喜欢的舞蹈、体操等项目帮助他练就了跳水的基本功，可以为跳水带来更多的花样和技巧。

经过有针对性地专业训练和长期不懈地努力，洛加尼斯终于在跳水方面取得了骄人的成就。他 16 岁时就成为美国奥运会代表团成员，28 岁时获得六个世界冠军、三枚奥运会奖牌、三个世界杯奖牌等。由于对运动事业的杰出贡献，洛加尼斯在 1987 年获得“世界最佳运动员”的称号和欧文斯奖，达到了职业生涯的顶峰。

## 故事微语

人生在世，谁都想有一番作为，但成功者总是少数，很多人因不了解自己而失败。俗话说“知己知彼，百战不殆”，要想“不殆”，必先“知己”，“知己”就是了解自己。每一个人都是一个独立的自我，每一个人都有自己的优点和缺点，世界上不可能有十全十美的人。所以，只有认清自己才能发挥出自身的聪明才智，许多人平庸一生，不是因为他们没有才能，而是终其一生都没有发现自己的才能。世界上许多有成就者之所以获得成功，最主要原因就是他们认识到了自己的才能。

## 心灵箴言

知人者智，自知者明。胜人者有力，自胜者强。

——老子

一个真认识自己的人，就没法不谦虚。谦虚使人的心缩小，像一个小石卵，虽然小，而极结实。结实才能诚实。

——老舍

伟大的人是决不会滥用他们的优点的，他们看出他们超过别人的地方，并且意识到这一点，然而绝不会因此就不谦虚。他们的过人之处越多，他们越认识到他们的不足。

——[法] 卢梭

# 放下疑虑，让自己轻装上阵

## 故事话题

有一个剑桥毕业的博士被分到一家国际公司工作，整个公司中他是学历最高的一个人。周末的一天，他独自到公司附近的观赏湖去钓鱼，正好市场部正副主管在他的一左一右，也在钓鱼。“听说他俩也就是本科生学历，有啥好聊的呢？”这么想着，他只是朝两人微微点了点头。不一会儿，正主管放下钓竿，舒展了一下筋骨，蹭蹭蹭从水面上健步如飞地跑到对面上厕所去了。博士眼睛睁得都快掉下来了。“水上飘？不会吧？这可是一个湖啊！”正主管上完厕所回来的时候，同样也是蹭蹭蹭地从水上飘回来了。“怎么回事？”博士生刚才没去打招呼，现在又不好意思去问，自己是博士生啊！过一阵，副主管也站起来，走了几步，也迈步蹭蹭蹭地飘过水面上厕所了。这下子博士更是差点昏倒：“不会吧，到了一个江湖高手集中的地方？”

过了一会，博士生也内急了。这个池塘两边有围墙，要到对面厕所非得绕十分钟的路，而回公司上又太远，怎么办？博士生也不愿意去问两位主管，憋了半天后，于是也起身往水里跨，心想：“我就不信这本科生学历的人能过的水面，我博士生不能过！”只听“扑咚”一声，博士生栽到了水里。两位所长赶紧将他拉了出来，问他为什么要下水，他反问道：“为什么你们可以走过去呢？而我就掉水里了呢？”两位所长相视一笑，其中一位说：“这池塘里有两排木桩子，由于这两天下雨涨水，桩子正好在水面下。我们都知道这木桩的位置，所以可以踩着桩子过去。你不了解情况，怎么也不问一声呢？”

## 故事解析

疑虑的人，往往用疑虑来掩饰自己的卑怯。疑虑是一个人对自己在某个方面或领域有卓越价值的肯定，是人对自己成绩的认知。疑虑是人难免的情绪，但过度的疑虑就是怀疑。一个心怀疑虑的人，是很难与他人融洽相处的，他们都认为自己比别人强。但这些人都忘了，疑虑的人只能让人厌烦，要知道人外有人，过分猜疑只能自取其辱。

人的一生都被一些无形的习惯、无形的教条束缚着，使我们行动不能自由、使我们畏首畏尾、活得很累。洒脱就要抛开这一切的教条,一切虚伪的东西，想到什么就放心大胆地去做，做的时候心里只想这件事。其他的暂时不要考虑.

只有一个真实的人才是一个洒脱的人。社会给人戴上了一个又一个的面具，给人缚上了一根又一根绳索，让人不见天日，不得自由。取下你的面具吧，你就能见到美丽的阳光，五彩的云霞;扯断你的绳索吧，你就能见到自然的奇观，天下的美景。

只有洒脱的人才能得到真实的人生，做个洒脱的人，你的人生一定不会后悔。

## 故事穿越

远古时期，有一个王国里住满了精灵，他们每天过着与世无争、平平静静的生活。突然，有一天，王国里来了一位不速之客——人类。

精灵们开始为此议论纷纷，因为他们从来没有见过人类，不知道人类是善良的？丑恶的？有修养的？还是粗鲁无知的？于是，经过商量，精灵们决定去试探一下人类的特性。

第一个精灵来了，他看见那人正在悠闲地散步，便很有礼貌地问候人：“您好！”

“您好！”人友好地笑笑。

第一个精灵快乐地跑回去，向他的伙伴们说：“我知道了，我知道了，人是非常善良、非常友好和懂礼貌的。”

精灵们不太相信，于是第二个精灵又来试探，他充满敌意地问：“混蛋！你这蠢货！你到我们的国土上来干什么？”

人冷冷地看着第二个精灵，怒目圆睁地说道：“不干什么！你欠揍是吗？那么，来吧！”说完，他还挥了挥自己的拳头。

第二个精灵吓得赶紧跑掉了，他气恼地和他的同伴们说：“人一点礼貌都没有，还是一个充满敌意的、且

喜爱残忍的斗殴的家伙，让我们去消灭他吧！”

这时，精灵中有一个老者，也想去最后一试，他缓缓地走过去，用和蔼的声音问人：“孩子，你一个人孤零零地站在这里，难道不需要我的帮助吗？”

“谢谢您老人家，我来这里散会儿步，一会儿就回去的，您不必担心我了。”人感激地说，然后朝老精灵深深地鞠了一下躬，表示自己对对方的尊重。

老精灵回去把人类刚刚的话告诉了精灵们，精灵们有些不解了，同样一个人怎么会这么多变、复杂呢？真是奇怪。

这时，精灵长者缓缓地说：“其实，人类很简单，他只不过是我们的一面镜子，我们给予他什么，他就会直接回馈给我们什么。”

## 故事微语

你给予了别人什么，别人就会回馈你什么，予人玫瑰，手有余香。你付出了友情，就能得到关怀；你付出了真心，就能得到爱情；你播撒了汗水，就能收获沉甸甸的果实……你要想得到他人的尊敬，那么你必须主动去尊敬他人，这是最基本的礼貌，更是一种教养。

## 心灵箴言

对人不尊敬的人，首先就是对自己不尊重。

——[俄] 陀思妥耶夫斯基

知道他自己尊严的人，他就完全不能尊重别人的尊严。

——[德] 席勒

人受到震动有种种不同：有的是在脊椎骨上；有的是在神经上；有的是在道德感受上；而最强烈的、最持久的则是在个人尊严上。—

——[英] 约翰·高而斯华馁

# 你有经常说“谢谢”吗

## 故事话题

有一批大学生即将毕业，学校为了让这批学生更快更好地进入社会，派导师组织他们到某科研单位的实验室里参观。赵鹏也是其中的一名毕业生。

到了这家科研单位后，全体学生坐在会议室里等待负责人到来。这时，有秘书很有礼貌地给大家倒水，同学们表情木然地看着她一个人忙前忙后，甚至一句“谢谢你”也不说。其中有一名同学还挑三拣四的，和秘书要解暑的绿茶。

轮到赵鹏时，他轻声和秘书说：“谢谢您，辛苦了。”秘书抬头看了赵鹏一眼，满含着赞赏的眼光，虽然这只是一句很普通的客气话，但却是她今天听到的第一句，也是唯一听到的一句。

过了一会，科研单位的负责人走进会议室和大家打招呼：“同学们好！欢迎你们到我们这里来参观，我是科研院的部长。”

不知怎么回事，没有一个同学回应，有的同学甚至还在交头说话，好像没有听到该负责人的话。

部长看了看四周，继续说道：“平时这些接待、讲解的事情一般都是由办公室负责人接待，因为我和你们的导师是老同学，非常要好，所以这次我亲自来给大家讲一些我们实验室有关情况。”

静悄悄的，赵鹏左右看了看，犹犹豫豫地鼓了几下掌，同学们这才稀稀落落地跟着拍手，由于不整齐，越发显得零乱。

“可是，我看同学们好像都没有带笔记本。”部长挥了挥手，示意停下，并将头转向旁边的人：“这样吧，刘秘书，请你去拿一些我们部里印的纪念手册，就算是送给同学们作纪念吧。”

接下来，更尴尬的事情发生了，大家都坐在那里，很随意地用一只手接过部长双手递过来的手册，部长脸色越来越难看，已经快要没有耐心再发下去了。

走到赵鹏面前时，赵鹏礼貌地站起来，身体微倾，双手握住笔记本恭敬地说了一声：“部长，谢谢您！”

闻听此言，部长不觉眼前一亮，伸手拍了拍赵鹏的肩膀：“你叫什么名字？”

“赵鹏”。赵鹏照实作答。

三个月后，毕业分配表上，赵鹏的去向栏里赫然写着该科研单位。

“赵鹏的学习成绩一般，而我们很多人都比他优秀，为什么科研单位选他而没选我们？怎么这么不公平？”有几位颇感不满的同学找到导师，愤愤不平地说。

导师看了看这几张尚属稚嫩的脸，严肃地说：“是科研单位点名来要赵鹏的。其实你们的机会是完全一样的，你们的成绩甚至比他还要好，但是赵鹏比你们懂得对别人的善意行为表示感恩。除了学习之外，我们需要学的东西太多了，修养是第一课。如果一个人都不懂得对人家的善意感恩，光学习好又有什么用呢？”

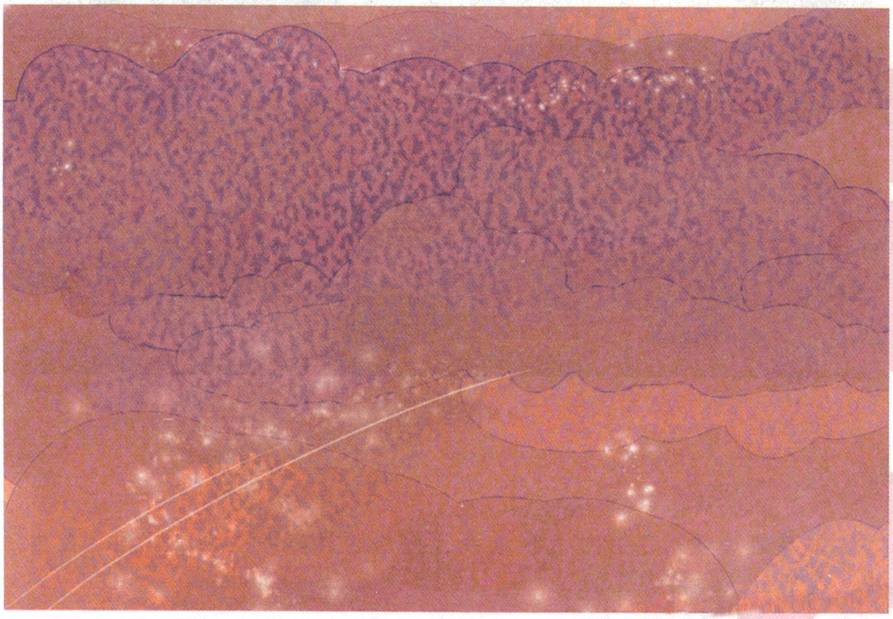

## 故事解析

赵鹏由于对一些小小的善意都报以感恩之心，所以才能够得到别人的赏识，得到机会的青睐。对家人表示真心的感谢，家人回报你的是浓浓的亲情；对朋友表示真心的感谢，朋友回报你的是坚不可摧的友情；对偶尔向你伸出援助之手的陌生人表示真心的感谢，你的人生旅程将会更加顺利。总之，对别人的善举说一句真诚的“谢谢”，能够给人留下良好的印象，能让你在今后的相处上占尽优势。

本来，我们的人生就充满了“感谢”，“感谢”是人生天平上的一块砝码，能准确地测出你道德的高与低，文明的大与小，生命的重与轻。不懂得“谢谢”的人，就不懂得人生，不懂得生活，不懂得爱，不懂得做人。把“谢谢”挂嘴边，才是懂得人生，懂得生活，懂得爱，懂得做人的人。

## 故事穿越

某著名大学来了一位礼仪教授，他给学员们讲授的课题是“在生活中，我们应该如何讲礼仪”。

“今天我们的礼仪课是从敲门开始的”教授说，“刚才，我走进教室的时候，轻轻地敲了门，礼仪就是从这样的小细节开始的。”

“在中国，有八成以上的人不知道如何敲门，譬如，敲一声代表试探，说明敲门者是陌生人；敲两声代表等待对方应答，说明敲门者与你认识；敲三声，代表询问，意思就是‘有人吗？’”教授说完，便让一位学员扮作一名送水工，自己是主人，来了一次模拟礼仪表演。

“送水工”敲了三下门，在“主人”的应答中走进门，然后把水搬进了屋里。

教授皱着眉头说：“你在三个礼仪方面的细节问题。第一，敲门声太重；第二，敲门时没有表明自己的身份；第三，没有自带一次性鞋套套住鞋子，这样会弄脏主人家的地板，主人会不乐意的。”

顿了顿，教授对“送水工”说，“来，按照我刚刚指点的那样，咱们再来做一次。”

于是，“送水工”和教授又来了一次表演，看得出来教授满意了。但是，所有动作结束后，“送水工”仍然站着，呆呆看着教授。

教授有些傲慢地说：“这位学员，现在你可以下台去了。”

“可是，教授。如果有人给我送水，我常常不好意思让他们换鞋，宁可自己拖一下地板。还有，送水工离开的时候，我都会说一声‘谢谢’。教授，我需要一声‘谢谢’。”学员笑了笑，对教授说道。

教授呆在那里愣了一会，躬身说了一声：“谢谢你。”

教室里爆发了一阵热烈的掌声，所有人都知道这热烈的掌声是送给谁的。

## 故事微语

古代战场上统领全军的武将，无一不是久经沙场，在刀光剑影中磨砺出来的，只有这样的将领才会赢得众将士的追随和认可，这也正应了“身先士卒”那句老话。当今社会的男孩更要懂得律人先律己，自己能够以身作则，做好表率，别人才会跟随你。只有做到了以身作则，才能以德服人、以力御人，才能够取得他人的信赖和认可。

## 心灵箴言

人无礼则不生，事无礼则不成，国无礼则不守。

——孔子

有礼貌不一定总是智慧的标志，可是不礼貌总使人怀疑其愚蠢。

——[美] 兰道尔

有一种内在的礼貌，它是同爱联系在一起的：它会在行为的外表上产生出最令人愉快的礼貌。

——[德] 歌德

# 外表的浮华就像昙花的一现

## 故事话题

在南方的一片森林中，住着喜鹊、乌鸦、老鹰、小天鹅等鸟儿。小天鹅是这片森林的“美人”，人人都称赞它漂亮、高贵、有气质。听到夸奖后，小天鹅心里很是高兴。

时间一长，小天鹅觉得除了自己外，其他的鸟儿都丑陋不堪，不配与自己为伍，它开始厌倦这片森林的生活。

于是，小天鹅展开翅膀，决定往北飞，去寻找能与自己匹配的鸟儿为伴。

飞行途中，小天鹅碰到了一群南飞的大雁。领头的大雁对它说：“小天鹅，你这么漂亮，怎么现在往北方飞呢？”

小天鹅耸耸肩膀，无奈地说：“雁大姐，你是不知道啊，南方的鸟儿都长得太难看了，我与它们在一起生活，会降低我的身份的。”说完，小天鹅又准备向北飞去。

“可是，朋友”领头的大雁真诚地对小天鹅说，“北方天气已渐冷，你飞到那儿去，你怎么过冬呀？和我们一起回南方吧。”

“不！不！我不要回南方，我要去寻找能与自己匹配的鸟儿为伴。”小天鹅说完，固执地向北方飞去。

等小天鹅飞到北方后，冬天已经到了，森林里的树叶纷纷落下，小天鹅的羽毛也随着季节的变化落下了许多，根本抵挡不住北方的严寒。

一场大雪过后，小天鹅还没有找到漂亮的鸟儿，却先被冻死了。

## 故事解析

良好的外表对一个人固然重要，但更重要的是他的品质。切忌为了追求外在的浮华，而将时间和生命虚度。人活着只能靠自己，外在的美虽然可以为你赢得一时的快乐，但真正支撑你一生的是内心的品质。自己清楚哪些东西对自己有帮助，哪些东西对自己可有可无是非常有必要的。

任何人和事物都是处于不断的变化之中，既可能向着好的方向发展，也可能向着坏的趋势转化，所以人们在对待人和事物的时候，不能够仅仅盯住眼前的这么一点点表象，因为它只反映了这个人或者这件事目前的状态。人们要懂得美丽的白天鹅是从丑小鸭变来的，美丽的蝴蝶是从丑陋的蛹变来的，不要以貌取人，应该将目光放得长远些，对人和事从本质上进行分析、判断，只有掌握了这种能力，才可能做出正确的、符合自己利益的决策，否则就要犯急功近利的错误

## 故事穿越

多年前，哈佛的校长对人的错误判断，付了很大的代价。

一对老夫妇，女的穿着一套褪色的条纹棉布衣服，而她的丈夫则是穿着布制的便宜西装，也没有事先约好，就直接去拜访哈佛的校长。校长的秘书在片刻间就断定这两个乡下老土根本不可能与哈佛有业务来往。

先生轻声地说：“我们要见校长。”

秘书很不礼貌地说：“他整天都很忙。”

女士回答说：“没关系，我们可以等。”

过了几个钟头，秘书一直不理他们，希望他们知难而退，自己走开。他们一直等在那里。秘书终于决定通知校长，“也许他们跟您讲几句话就会走开。”

校长不耐烦地同意了，校长很有尊严而且心不甘情不愿的面对这对夫妇。女士告诉他：“我们有一个儿子曾经在哈佛读过一年，他很喜欢哈佛，他在哈佛的生活很快乐。但是去年，他出了意外而死亡。我丈夫和我想要在校园里为他立一纪念物。”

校长并没有被感动，反而觉得可笑，粗声地说：“夫人，我们不能为每一位曾读过哈佛而死亡的人建立雕像的。如果我们这样做，我们的校园看起来会像墓园一样”。

女士很快说：“不是，我们不是要竖立一座雕像，我们想要捐一栋大楼给哈佛。”

校长仔细地看了一下条纹的棉布衣服及粗布的便宜西装，然后吐一口气说：“你们知不知道建一栋大楼要花多少钱吗？我们学校的建筑物超过七百五十万元。”

这时，这位女士沈默不讲话了。

校长很高兴，总算可以把他们打发了。只见这位女士转向她丈夫说：“只要七百五十万就可以建一座大楼？那我们为什么不建一所大学来纪念我们的儿子？”她的丈夫点头同意。

而哈佛的校长觉得很困惑。就这样，史丹佛先生和夫人离开了哈佛，到了加州，成立了史丹佛大学来纪念他们的儿子。

## 故事微语

爱美之心人皆有之。不管你的财富多寡，也不管你的学识深浅，任谁都不会说“美丽”的坏话。?

有些时候，很多人都会因为对美丽的偏爱，犯下以貌取人的错误。我们经常对那些衣着华丽的人表示出自己的羡慕和敬仰，而对那些外表朴素平凡的人则会投去轻蔑的一瞥。也有很多人认为从外在形象中可以看出这个人的气质修养、才干学识、品德操守、身份地位等等。?

但是，事实并非如此。实际上，外在形象所透露的信息是非常有限的，它只能体现一个人的极小的一面，而不是全部。

身戴珠光宝气的人不一定有真才实学，而衣着朴素的人也不一定就是庸才。不管是与人交往，还是选拔人才，都要与对方进行深入的交谈。如果穿着考究的人对所问的问题一窍不通，那么宁可选择衣着简朴而有真才实学的人，也不要与那些“金玉其外，败絮其中”的人为伍。?

毕竟，称量人的价值的不是漂亮的外表。因为做事不能只具有表面功夫，还必须拥有真才实学！

## 心灵箴言

人并不是因为美丽而可爱，而是因为可爱才美丽。

——[俄] 列夫·托尔斯泰

你可以从外表的美来评论一朵花或一只蝴蝶，但你不能这样来评论一个人。

——[印度] 泰戈尔

美有两种，灵魂的美和肉体的美。聪明、纯洁、正直、慷慨、温文有礼都是灵魂的美，相貌丑的人也可以具备的。如果不以貌取人，往往对相貌丑的也会倾心爱慕。

——[英] 塞万提斯

# 心灵榜样微史话

**林肯**

亚伯拉罕·林肯 生于美国肯塔基州哈定县一个普通农民家庭。美国政治家、思想家、第 16 任美国总统 （任期：1861 年 3 月 4 日-1865 年 4 月 15 日），是首位美国共和党员总统，与乔治·华盛顿，富兰克林·罗斯福公认为美国历史上最伟大的三位总统。

生下来就一无所有的林肯，终其一生都在不断地跌倒，他也曾经绝望至极，但他还是一次次地爬了起来。林肯在竞选参议员落败后也曾说过这样一句话：“此路艰辛而泥泞。我一只脚滑了一下，另一只脚也因此站不稳，但我缓口气，告诉自己，这不过是滑了一跤，并不是死去而爬不起来。”

**杰克·伦敦**

杰克·伦敦，原名为约翰·格利菲斯·伦敦，美国著名的现实主义作家，生于旧金山。在一个既无固定职业又无固定居所的家庭中长大。24 岁开始写作，去世时年仅 40 岁。从 1900 年起，他连续发表和出版了许多小说，讲述美国下层人民的生活故事，揭露资本主义社会的罪恶。他的作品在全世界都广为流传，是最受中国读者欢迎的外国作家之一。

杰克·伦敦这样写道：“当生活变得又痛苦又让人厌倦的时候，死亡就会前来哄你睡去，一睡不醒。”杰克·伦敦用作品和自己的人生经历揭示了这样一重悲剧，即一个人在困境的时候，可以靠梦想坚持下去，而一旦走出困顿获得成功，生命的意义便成为一个问题。苦难可以使人的内心很强大，而成功却能够毁灭一切。

**腓特烈大帝**

生于柏林。少年时就长于吹笛，1740 年即位。实行开明君主制，在军事上颇有建树。曾两次发动西里西亚战争。1756 年发动对法、俄和奥地利等国的七年战争。

他虽然不是古斯塔夫二世那样的军事革新家，也不是拿破仑那样的战略家，然而他是一位机动作战战术大师，常常打败实力大大超过自己的敌军。靠着坚韧和运气，使得普鲁士国家幸存下来。1772 年同俄、奥乘波兰内政危机第一次瓜分波兰领土，获得西普鲁士。1785 年组建由 15 个德意志联邦国组成的诸侯联盟。1786 年在波茨坦去世。恩格斯称他“建立了历史上无与伦比的骑兵”，他的军队“是欧洲模范的军队”。

**孙中山**

孙中山，名文，字载之，号日新，又号逸仙，幼名帝象，化名中山。生于广东香山县（现广东省中山市）翠亨村的农民家庭。青少年时代受到广东人民斗争传统的影响，向往太平天国的革命事业。是中国近代民主主义革命的先行者，中华民国和中国国民党创始人，三民主义的倡导者。

终其一生，在领导整个资产阶级民主革命的历程中，始终不渝地坚持彻底的反封建立场和坚定的革命方向，面对满清朝庭的通缉、反动军阀的围攻、帝国列强的威逼、维新保皇派的论战、阵营内部的叛乱、同党战友的分歧，在极其艰难充满风险的环境中，几番组织和改造革命政党，多次发动武装起义，“愈挫愈奋，再接再厉”，不屈不挠，战斗不息。也正是由于孙中山的坚持不懈的努力与革命理论的宣扬，才使得广大中国民众摆脱封建思想的束缚，走出对民主共和的“反动”政治思想认识误区，有力地促进了中国民主革命运动的发展，扩大了民主革命运动的影响，使得民主共和深入人心。

**克雷洛夫**

克雷洛夫，俄国作家，也是世界著名的寓言家、作家，全名是伊万·安德列耶维奇·克雷洛夫。著名的作品有：《大炮和风帆》、《剃刀》、《鹰与鸡》、《快乐歌声》等。

一次，克雷洛夫正在大街上行走，一个年轻的农民拦住他，向他兜售苹果：“先生，请你买些苹果吧，但我要告诉你，这苹果有点酸，因

的期盼。所以我们不管做什么，一定要坚持下去，一定要再拼一下，再努力一下，相信成功就在眼前，只有这样胜利才会走来，荣誉才会到来。

**爱迪生**

托马斯·阿尔瓦·爱迪生，世界著名的美国发明家、物理学家、企业家，拥有重要的发明专利超过 2000 多项，被传媒授予“门洛帕克的奇才”称号！他是人类历史上第一个利用大量生产原则和电气工程研究的实验室来进行从事发明专利而对世界产生重大深远影响的人。

爱迪生被世人誉为“发明大王”，他一生为人类提供了约 2000 项大小发明。他成功的秘密就是“勤奋”加“耐心”。为了寻找灯泡内的耐热材料，他先后试用了大约 6000 种纤维材料，最后找到了碳化竹丝。第一盏竹丝灯虽然亮了 1200 个小时。但他继续不断探索，持之以恒，不断改进，最后发展到钨丝灯，前后花了 20 年时间。

**童第周**

童第周，字蔚孙，浙江鄞县人。我国卓越的科学家，生物学界的一代宗师。中国实验胚胎学主要开创人，国际“克隆”科学先驱。

童第周少年时启蒙于家庭私塾，后入宁波省立第四师范和效实中学。1923 年考入复旦大学。1928 年在南京中央大学生物系任教。1930 年留学比利时获博士学位。1934 年起在山东大学、中央大学和复旦大学等任教。1948 年当选为中央研究院院士。同年出任美国耶鲁大学教授，并被聘为英国剑桥大学研究员。1949 年婉拒高薪，回国搞建设。历任山东大学教授、副校长、中国科学院生物学部主任、海洋研究所所长、动物研究所所长、中国科学院副院长等职。先后当选第一、二届全国人大代表，第三、四届全国人大常委，第五届全国政协副主席。1979 年 3 月 30 日病逝于北京。

**陈毅**

陈毅 ，名世俊，字仲弘，四川乐至人，中国共产党员。久经考验的无产阶级革命家、政治家、军事家、外交家、诗人；中国人民解放军

注、责任感和不怕困难的精神。

**自我激励：**是指个体具有不需要外界奖励和惩罚作为激励手段，能为设定的目标自我努力工作的一种心理特征。德国专家斯普林格在其所著的《激励的神话》一书中写到：“强烈的自我激励是成功的先决条件。”人的一切行为都是受激励产生的，通过不断的自我激励，就会使你有一股内在的动力，朝所期望的目标前进，最终达到成功的顶峰——自我激励是一个人迈向成功的引擎。

**锲而不舍：**意为雕刻一件东西，一直刻下去不放手。比喻有恒心，有毅力。出于《荀子·劝学》：“锲而舍之，朽木不折；锲而不舍，金石可镂。”鲁迅《两地书·致许广平十二》曰：“要治这麻木状态的国度，只有一法，就是‘韧’，也就是‘锲而不舍’”。

**滴水石穿：**意为水不断下滴，可以洞穿石头。比喻只要有恒心，不断努力，事情一定成功。出自宋·罗大经《鹤林玉露》：“绳锯木断，水滴石穿。”